传承经典 融入现代

柴松岳 丙戌年初春

●本书献给关心、支持杭州老字号发展的社会各界人士●

◎杭州老字号系列丛书◎

茶业篇

□赵大川 著

□杭州老字号企业协会

□杭州老字号丛书编辑委员会

□丛书主编 吴德隆

浙江大学出版社

ZHEJIANG UNIVERSITY PRESS

"**东**南形胜，三吴都会，钱塘自古繁华。" 杭州有8000年前的跨湖桥文化、2200多年的建城历史，是国务院首批命名的国家历史文化名城，也是"中国七大古都之一"。

在杭州城市的发展演进中，有一批与这座城市水乳交融、不可分割的历史文化遗产，有一群演绎了一段段美丽动人、可歌可泣传奇故事的知名自主品牌，这就是"老字号"。这些有着几十年甚至上百年历史的"老字号"，蕴涵着丰富的文化积淀，承载着厚重的历史传统。它们在历史长河、传统文化的孕育和洗礼中生成、发展、传承、创新，谱写着开拓者筚路蓝缕的创业诗篇，演奏着承继者与时俱进的创新乐章，诠释着先贤达人诚信公平的经营之道。它们是杭州这座城市的"胎记"和"名片"，也是杭州这座城市的"根"与"魂"。

"老字号"是经济和文化的结晶。它们既具有经济价值，更具有文化价值。"江南药王"胡庆余堂、"剪刀之冠"张小泉、"杭菜一绝"楼外楼、"闻香下马"知味观……一家家"老字号"，凭借别具一格的绝活技艺、独树一帜的经营理念，打造了经久不衰的名店名号，成为杭州工商业发展史的参与者和见证者。与此同时，这些"老字号"又以其悠久的历史、厚重的文化承担起历史文化承载者和体现者的使命，成为杭州地域特色及文化传统的表征与注脚。如果从历史和文化演进的时空背景来衡量"老字号"，它们本质上是一种文化形态，是江南地域文化在杭州工商业领域的经典范例和有形载体。

"老字号"是传承与创新的典范。传承谋生存，创新图发展，是"老字号"永续经营、青春永驻的成功秘诀。在杭州，"老字号"凤凰涅槃般与时俱进、重获新生的故事不胜枚举：胡庆余堂传承人冯根生禀承祖辈诚信之遗训谱就"戒欺"新篇章；"王星记扇子"承继百载依旧清风播翰香；"楼外楼"、"知味观"以其传承与创新的完美结合门庭若如市、闻香竞停车……

"老字号"既是一份厚重的物质文化遗产和非物质文化遗产，也是一份宝贵的文化传统和精神财富。传承"老字号"的传统技艺，保护"老字号"的金字招牌，弘扬"老字号"的特色文化，推动"老字号"的创新发展，杭州市委、市政府责无旁贷，当代杭州人责无旁贷。《杭州老字号系列丛书》向我们全面展示了杭州的百年品牌、商业文化和人文风情，向我们讲述了一个个创业创新的感人故事，也使我们进一步增强了保护好、传承好、发展好杭州"老字号"的责任感和紧迫感。我们一定要下最大决心、花最大力气、出最优政策，把杭州"老字号"保护好、传承好、发展好，使之真正成为城市的"金名片"、人民的"摇钱树"。

是为序。

王国平　中国共产党浙江省委员会常委，中国共产党杭州市委员会书记，杭州市人民代表大会常务委员会主任

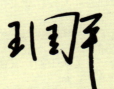

2008年2月26日于杭州

杭州是国内外著名的大古都。上世纪80年代以后，由于不少在历史文化上获有声名的城市，都有争取成为"古都"甚至"大古都"的愿望，因此，我主编《中国都城词典》（江西教育出版社1999年出版），词条中把"古都"和"大古都"做了明确的解释：所谓"古都"，第一是历史上曾经成为一个独立政权的首都；第二是可以称为古都的现代城市，在地理位置上是与当年的古都重合，或部分重合。所谓"大古都"，就是历史上公认的传统王朝的首都，上起夏、商、周、秦、汉、晋，下至隋、唐、宋、元、明、清，都是中国历史上公认的传统王朝。这中间，晋室曾经东渡，但西晋、东晋原是一晋；宋朝虽然南迁，但北宋、南宋都是一宋。杭州从吴越宝正元年（926）成为吴越国的首都，从此就进入"古都"之列。从绍兴八年（1138）成为南宋的"行在所"，实际上的首都，从此就成为"大古都"。

关于杭州这座城市被列为"大古都"的事，是我亲身所经历的。1980年春天，"文革"结束之后不久，我们见到由王恢编著、台北学生书局1976年出版的《中国五大古都》（西安、北京、洛阳、开封、南京），大陆也拟编一本，有关方面嘱我主事。当时我想杭州毕竟是南宋的"行在所"，虽然半壁江山，但还算作是一个正统王朝。现在由我主编而仍称"五都"，这使我有愧于杭州。所以1983年4月由中国青年出版社出版的《中国六大古都》便有了杭州。当年我还带了这本书100册赴日本讲学分赠东瀛友好。后来流入台湾。台湾锦绣出版社骤见《六都》，如获至宝，便筹划出版《雄都耀光华：中国六大古都》，内容当然参照我们大陆的《六都》，但它是大16开本，由溥杰题字，卷首请我做序，且照片全为彩色，装帧极为精美，其中《杭州》开首的小标题"从海湾、泻湖到西湖"就是我的原话。此书于1989年出版（1989年大陆又有《中国七大古都》电视片，向国庆四十周年献礼，增加了河南安阳），获得很好的反响，一再重版。

我的老家是绍兴，但在杭州工作了五十多年，而且至今虽届耄耋之年，离期颐之年也已不远，但仍在职（应国务院之聘为终身教授），所以对这个城市的热爱当然是不言而喻的。在这些年里，是我第一次把杭州作为大古都落实于正式出版的书中。

南宋定都杭州以后，都城随即繁荣，而首先就是人口剧增。据美国著名汉学家施坚雅（G.W.Skinner）在其名著《中华帝国晚期的城市》（中译本，叶光庭等译，陈桥驿校，中华书局2000年出版）书中对几个"大古都"的人口统计：八世纪的长安（今西安）人口达一百万；北宋的东京（今开封），在其最后年代，人口为八十五万；南宋的临安（今杭州），在其最后年代，人口为一百二十万。杭州是人口最早攀登高峰的"大古都"。与人口增加同时出现的，当然就是商业繁荣。当时的杭州，商铺林立，生意兴隆。据南宋当代人吴自牧所撰的《梦粱录》卷十六中所记，杭州的商铺，主要可分"茶肆、酒肆、分茶酒店、面食店、荤素从食店、米铺、肉铺、鲞铺"八大类。有的商铺规模很大，象"分茶酒店"（相当于今酒菜馆）中有各类菜肴三百多种；"荤素从食店"（相当于今糖果店）中有各种点心一百二十多种；"鲞铺"（相当于今海味店）有各种鱼鲞海味六十八种。随着商业繁荣，必然出现商业竞争。许多商铺之中，兴衰交替，自属常事。而其中管理有方、经营得法的，就能在同行中独占鳌头，并且长期兴隆，这样的商铺，就是当时的老字号。以"酒肆"为例，在《梦粱录》中，象中瓦子前的武林园，南瓦子的熙春楼，都是著名的老字号。

"老字号"是商业领域中的一种重要事物。在各行各业中，"老字号"的数量众多和持续长久，这不仅是商业兴隆的标志，在某种意义上，也是经济繁荣和生意发展的标志。从《梦粱录》时代到今天，为时已近千年，杭州仍然是一个商业繁荣、"老字号"林立的城市，这确实是值得令人高兴的，同时，也让我们意识到对"老字号"宣传和保护的重要。

作为一个在杭州居住了半个多世纪的人，引以为豪的是，在2006年商务部重新认定的第一批420家"中华老字号"中，杭州占了相当的比例。50年前的世界500强，现在70％已经被淘汰出局，但是世界500强排名在前的百年历史的公司却一直表现很优秀。从英国《金融时报》和普华会计事务所联合进行的世界最受尊重的公司排行榜，可以看出这种趋势。它们的宝贵经验是把继承创新看作是基业常青的保证。这套《杭州老字号系列丛书》的编纂出版，便是老字号创新发展的一种精彩展示。内容详实、记叙简洁、图照精美、版式新颖是它的显著特点。尤其可贵的是它的创业理念与理财方略、经营招数，至今仍可借鉴和采用。 这是一宗巨大的文化遗产与精神财富，不仅具有保护、弘扬的价值，而且还具振兴、利用和在此基础上创新、发展的意义。谨以此小序聊表贺忱。

陈桥驿 浙江大学终身教授、著名历史地理学家。任中国地理学会历史地理专业委员会主任，国际地理学会历史地理专业委员会咨询委员，日本关西大学、大阪大学、广岛大学客座教授。国务院授予的"为发展我国高等教育事业作出突出贡献"的著名专家，在中国乃至世界地理学界享有崇高声誉。

陈桥驿

2007年11月29日于浙江大学

写 在 前 面

"**钱**塘自古繁华",杭州商业历史悠久。这里人杰地灵、物华天宝,能工巧匠云集、传统名产丰盛、名点佳肴繁多,一大批老字号应运而生。《杭州老字号系列丛书》,正是为了对杭州老字号整个过去和今天做番回顾与梳理,先从城区着手,再视条件许可逐步扩大到各区、县(市)。

杭州老字号历经沧桑,有过骄人辉煌,也有过坎坷曲折……可以说,老字号见证了杭州城市工商业历史的发展,是历史留给我们宝贵的文化遗产和丰厚的物质财富,也是中华民族工商业的瑰宝。张小泉、王星记、都锦生、高义泰、胡庆余堂、孔凤春、楼外楼、知味观……杭州老字号都有属于自己独特的鲜明特征。像胡庆余堂、方回春堂和张同泰药号,其建筑气势恢宏,完整地保留了当年明清建筑的原形态,这在全国也是罕见的。老字号以其独特的文化基因,传承着杭州这座历史文化名城的人文脉搏,犹如一颗颗熠熠发光的明珠,把西湖装点得更加灿烂。

这套丛书作者以极大的热情,经过广泛挖掘、搜索、整理,比较系统地介绍了杭州老字号的峥嵘岁月和辉煌历程,本意在于追溯老字号的渊源,发掘老字号的创业历程,讲述老字号操守百年的诚信经营之道,使大家获得对杭州老字号的理性认识和形象化体验。这里有鲜为人知的历史故事,更有首次披露弥足珍贵的历史老照片。在叙述方式上,不求体例一致、形式统一、辞章华丽,但求史料详实、自得一见,文字明畅、图文并茂。这套丛书既是对昨天的总结和传承,更是对今天的鞭策、对明天的引领。

　　最后要说明一点：所谓"老字号"，本来是指具有50年以上历史的商业老字号，但因过去的商业老字号大多是"前店后坊"的模式，生产、营销同时并举，颇具现代概念中的"企业"性质。所以我们这里，也包括一些有影响的，特别是品质优良，经营有方和信誉卓越的一些企事业、单位与部门，其中不乏外来而在杭州开花结果者。这对于全面了解杭州社会的经济发展、各行各业特别是关乎于民众生活的林林总总，都是会有帮助的。

吴德隆 曾任共青团杭州市委书记、中共杭州江干区委副书记、杭州市下城区委书记、杭州市贸易办主任、杭州市贸易局局长。
现任杭州市商业总会会长。

2007年6月18日于丁亥年初夏

目　录

序言

序言二

写在前面

杭茶溯源　/001

茶圣陆羽与杭州《茶经》与龙井茶　/003

白居易与龙井茶　/017

辩才、苏轼、赵抃与龙井寺、龙井茶　/021

北宋两任杭州知府赵抃的诗作，首次称龙井茶为"贡茶"　/027

苏轼仕杭咏茶诗　/032

龙井御茶　/049

《杭州府志》中的康熙、乾隆皇帝下江南　/050

乾隆皇帝的六首龙井御茶诗与品茗图　/055

嘉庆皇帝的两首咏龙井茶诗与品茗图　/062

清代龙井茶古画　/068

茶中至尊　/071

极具商标意识、产地保护意识的茂记茶场　/073

《文华》和《良友》画报刊登的龙井茶老照片　/075

强烈的商标意识　/079

杭州翁隆盛茶庄的狮球商标、方正大茶庄的大鹏商标　/079

双狮商标的杭州方立大茶号　　/084

"福"字商标的方福泰茶庄　　/084

1934年《杭州民国日报》之龙井茶旧影　　/085

中国最古老的茶庄——翁隆顺、翁隆盛　　/087

中外博览会上频频获奖的西湖龙井茶　　/095

在晚清南洋劝业会获头等商勋的杭州鼎兴茶庄　　/104

以西湖龙井茶频频获奖的汪裕泰茶庄　　/104

获得1926年美国费城特等奖凭的杭州亨大茶庄　　/108

大连源盛德茶庄在杭州西湖博览会获奖　　/108

杭州茶行　/111

杭州茶行、茶庄知多少　　/113

闯荡世界的龙井茶庄——方正大　　/122

龙井寺的龙井茶　　/130

民国杭州茶庄文化遗存集锦　　/134

杭州茶庄、茶号发票　　/139

杭州老茶庄信笺、信封　　/141

外地茶庄在杭州开厂设号的文化遗存　　/145

杭州茶庄在外地经营的文化遗存　　/148

杭州的茶箱业　　/149

杭州茶馆 /151

杭州茶馆知多少 /153

民国时期杭州的茶业组织 /179

民国时期茶业纸币 /184

因茶而兴的杭州转运业、过塘行、报关行 /187

清代浙江征收徽赣茶税收凭证 /190

杭州至屯溪水程折 /192

百年杭州茶叶过塘行 /196

百年钱江茶路旧影 /205

杭州报关行 /207

杭徽公路旧影 /207

留下茶市街 /214

光绪浙省运茶护票见证百年"杭为茶都" /216

清代运河铜版画 /218

清代杭州茶税凭证 /221

清代、民国茶税 /223

走向世界的龙井茶 /223

后记 /224

编后记 /226

专家感言 /230

茶业篇

HANGZHOU TEA TRADE HISTORY

◎杭茶溯源◎

■杭州余杭苎山桥，当年陆羽著《茶记》的地方

杭茶溯源

杭州余杭区的苎山是《宋史》记载茶圣陆羽著《茶记》一卷的地方，余杭泾山陆羽泉是陆羽著《茶经》三卷其地。"苎山"和"陆羽泉"是所有古籍有明确记载陆羽著《茶记》和《茶经》帷一的地方。余杭泾山"陆羽泉"也是全国帷一的市级文保单位。从2002年起杭州市和余杭区已连续在余杭泾山举办七届"中国茶圣节"。杭州茶业之所以著名，不仅因唐代陆羽在杭州著《茶经》、《灵隐天竺二寺记》、《武林山记》而著称于世，还因为它和白居易、苏轼、蔡襄、赵抃、辩才等许多历史人物连在一起。

◎茶圣陆羽与杭州 《茶经》 与龙井茶

茶圣陆羽曾在杭州余杭苎山著《茶记》一卷，在余杭双溪陆羽泉著《茶经》三卷，是"杭为茶都"重要的历史依据。

茶圣陆羽在余杭著《茶记》和《茶经》

陆羽（733－804），字鸿渐，一名疾，字季疵，号竟陵子、桑苎翁、东冈子，唐复州竟陵（今湖北天门）人。一生嗜茶，精于茶道，在杭州市余杭双溪著成世界上第一部茶叶专著——《茶经》，对中国茶业乃至世界茶业的发展作出了卓越贡献，被誉为"茶仙"，奉为"茶圣"，祀为"茶神"。

陆羽因安史之乱，随难民流落来到浙江，一路遍访三十二州，考察茶事，还于唐上元初（760）隐居于杭州余杭苎山，整理沿途考察茶事笔记，写成《茶记》一卷。

唐上元元年十一月，刘展反，陆羽愤慨国家动乱，民不聊生，写《天之未

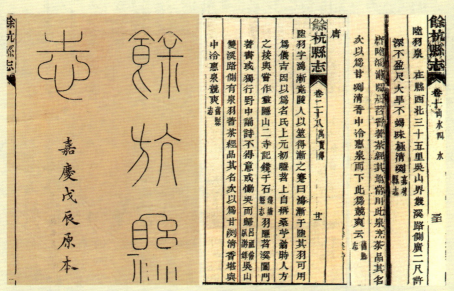

■左　清嘉庆戊辰原本《余杭县志》封面，《余杭县志》初版于嘉靖年间，此为第七版
■中　《余杭县志》卷二八"寓贤传"之"陆羽"条目
■右　清《余杭县志》之"陆羽泉"条目，非常明确地提出余杭"陆羽泉"是陆羽著《茶经》的地方

杭州老字号系列丛书·茶业篇

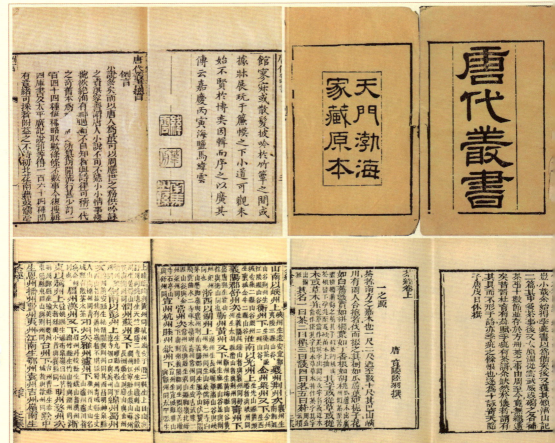

■清嘉庆丙寅（1806）天门渤海家藏原本《唐代丛书》之封面、扉页及其所载之《茶经》，是最新发现的《茶经》版本

明赋》。刘展乱兵攻陷湖州，又攻杭州，未果，在余杭屯兵。兵荒马乱间，陆羽转徙至相对隐蔽安全的余杭双溪（从明至清历代《余杭县志》有记载）。外面战事频繁，陆羽"阖门著书"，在《茶记》的基础上，写成《茶经》三卷。嗣后，陆羽应皎然之邀去湖州，由其著《茶经》成名之势，推荐顾渚紫笋茶为贡茶，写《吴兴历官记》，参加编撰《韵海镜源》等。

"陆羽著茶经其地"的余杭双溪"陆羽泉"，早在1986年就被列为余杭县文保单位，现为杭州市文保单位，是所有陆羽遗迹中唯一的一处市级文保单位。陆羽著《茶记》一卷的"苎山桥"，2003年也已上报推荐为杭州市级文保

■余杭陆羽泉

■杭州出土的唐乾元重宝钱币，为唐乾元元年铸造，
也就是陆羽在公元758年目睹道标和尚"得度师首"铸造的

八十四葬本山塔今无考

皋孟简皆心交物外分契塵中長慶三年示寂壽

人尊之呼西嶺和尚又稱爲僧中十哲李吉甫韋

霅之畫能清秀越之徹洞冰雪杭之標摩雲霄杭

虢西嶺草堂尤善詩與皎然靈徹齊名時人語曰

師首中選後習毘尼有高行往南天竺結茆峰西

雲峰海公蕭宗乾元元年試通經七百紙者得度

目秀如青蓮得非釋氏威鳳耶遂出家事靈隱白

道標法師姓秦富陽人七歲時有僧摩其頂曰此子

標眾每飛章寓藍所謂杭之標摩雲霄獨一定宿

者也時詞人與之分契陸羽任王泉寺

目爲道標梵僧名之威鳳云　曇超靈苑諸山

標受具戒大壇積施置田收萬斛粟藏而供

經之有和永明詩寄集已上任伊慈寺

之疑及聞鈯透脫更不存妙解矣消慈佛伖爲道

■左　明万历《灵隐寺志》之"道标"条目，陆羽见证乾元元年，道标"得度师首"
■右　明万历《钱塘县志》之"道标"条目，有"陆羽目为道标梵僧名之威凤（凤）云"，
　　证实陆羽于唐乾元元年，来过杭州灵隐寺

■光绪戊子年（1888）《灵隐寺志》

■明《灵隐寺志》记载"前贤撰文遗失者"，首为"陆羽灵隐寺碑记"

单位。为了纪念陆羽在余杭双溪陆羽泉著成世界上第一部茶叶专著——《茶经》，杭州于2002年至今已五度在余杭双溪陆羽泉举办"中国茶圣节"，在中外茶界反响很大，影响深远。

清嘉庆丙寅天门渤海家藏原本《唐代丛书》之所收《茶经》，中有"钱塘生天竺、灵隐二寺"，证实陆羽著《茶经》时，曾考察龙井茶区，并写入《茶经》。

其实陆羽与杭州的渊源，何止在杭州著《茶记》一卷、《茶经》三卷，在浙江地方志中关于茶圣陆羽与杭州的事迹多有记载。

陆羽见证灵隐寺竞选，道标和尚中选。陆羽曾写《道标传》

杭州灵隐禅寺，建于晋咸和元年（326），至唐代已有四五百年，香火旺盛，遐迩闻名。唐乾元元年，灵隐寺公开竞选，"试通经七百纸者，得度师首"。朝廷规定，精通七百页佛经者，方许剃度为僧，道标和尚名列第一。明万历《灵隐寺志》之"道标"条目曰："道标法师，姓秦，富阳人。七岁时，有僧摩其顶曰：'此子目秀如青莲，得非释氏威凤（风）耶？'遂出家事灵隐白云峰海公。"道标法师是与湖州皎然、绍兴灵彻齐名的唐代三大禅师，当时有"雪之昼，能清秀；越之彻，洞冰雪；杭之标，摩云霄"之说。

杭州灵隐寺前风景

丁卯秋九月

骄尉山民题

■1927年，杭州灵隐寺前高僧和风景

■灵隐寺和尚（晚清）

杭人称其为西岭和尚，又称其为僧中十哲。道标卒于长庆三年（823），享年84岁。

明万历《钱塘县志》之"道标"条目末尾有"陆羽目为道标梵僧名之威凤（风）云"，是指陆羽见证道标"试通经七百纸"，名列第一这件事，证实陆羽于唐乾元元年，即758年来过杭州。陆羽与道标情谊深厚，据宋《高僧传》，陆羽还为道标写有《道标传》，惜失传。但陆羽的诗句："日月云霞为天标，山川草木为地标。推能归美为德标，居闲趣寂为道标。"，仍留传至今。

明代《灵隐寺志》有"陆羽"条目，其最后有："有《灵隐碑记》，惜不传"。在"前贤撰文遗失者"中，首为《陆羽灵隐寺碑记》。这些都表明陆羽

天竺靈山之寺　寶祐二年改賜天竺靈山教寺

太皇太后有旨下竺名剎不欲永占可復元額爲

香火院　慶元三年

高宗皇帝改賜天竺時思薦福寺額爲　吳泰王

山寺　天禧四年復天竺寺額　紹興十四年

代時有五百羅漢院後廢　大中祥符初改賜靈

師與道安禪師建號南天竺唐永泰中賜今額五

在錢唐縣西一十七里隋開皇十五年僧眞觀法

下竺靈山教寺

《咸淳臨安志卷八十》

記惜不傳

《靈隱寺誌卷五下　　六》

日鴻漸於陸其羽可用爲儀吉因以爲名氏上元

初隱苕上自稱桑苎翁或獨行道上誦詩擊木裴

徊不得意則慟哭而返時謂爲接輿也有靈隱碑

陸羽字鴻漸竟陵人不知其所生既長筮得漸之蹇

■左　南宋《咸淳临安志》之"下竺灵隐寺"
■右　明《灵隐寺志》之"陆羽"条目，最后有："有《灵隐碑记》，惜不传"

与灵隐寺的渊源，证实陆羽曾为灵隐寺写有碑记，灵隐寺也为陆羽立有碑记，
但在明代以前均已毁。

陆羽曾为杭州写下《灵隐天竺二寺记》、《武林山记》

　　南宋《咸淳临安志》卷八之"武林山"条目，其第九行有"太子文学陆羽
灵隐寺天竺寺记"。建中二年（781），唐德宗赏识陆羽才华，诏拜他为"太
子文学"，羽不就职。不久，又改任"太常寺太祝"，复不从命，故陆羽被人
称为"陆文学"、"陆太祝"。此段写明太子文学陆羽曾著有《灵隐寺天竺寺
记》，也说明武林山即灵隐山。

南宋《咸淳临安志》卷八十之"景德灵隐寺"条目载，该寺在武林山东，晋咸和元年（326）梵僧慧理建，旧名灵隐，北宋景德四年（1007）改景德灵隐寺。

《咸淳临安志》卷八四之"下竺灵山教寺"条目称："下天竺寺，隋开皇十五年（595），僧真观法师与道安禅师建，号南天竺。唐永泰中（765）赐今额（即下竺灵山教寺）……"

"下竺灵山教寺"在765年前称"南天竺"。唐永泰（765）后，称"下竺灵山教寺"，也称"下天竺"。灵隐寺和下天竺寺由一门而入，密不可分，故陆羽著《灵隐天竺二寺记》。陆羽记云："南天竺、北灵隐"。由此考证，陆羽在763－764年来到杭州，写下《灵隐天竺二寺记》。唐永泰年间（765—766），道标曾住持下天竺寺。

《咸淳临安志》许多条目中记载的杭州古迹地名，如袁君亭、石桥亭、梦谢亭、丹灶亭、隐居亭、许迈思真堂、石门涧、连岩栈伏龙溅、理公岩、呼猿

▇九里云松（20世纪20年代）。陆羽《袁君亭》记载：唐代杭州刺史袁仁敬动员植树造林，形成从玉泉到灵隐的"九里云松"

杭州老字号系列丛书·茶业篇

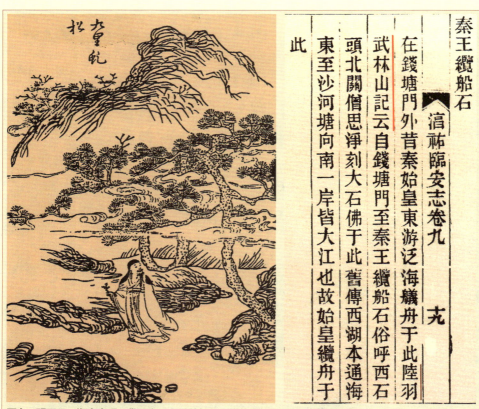

■左 明万历《海内奇观》卷四之"九里虬松",描绘了陆羽记载的"袁君亭"
■右 南宋《淳祐临安志》之"秦王缆船石"条目

洞、葛坞朱墅、醴泉等,其由来均源于陆羽的《武林山记》和《灵隐天竺二寺记》(或称《灵隐天竺寺记》)。非常遗憾的是,陆羽著作存世的仅有《茶经》三卷和少许诗作。《武林山记》、《灵隐天竺二寺记》、《道标传》和《茶记》一样,均已失传,灵隐寺为陆羽镌刻的碑记也已不存。我们可以在南宋古籍上看到的,只是从"两记"中摘抄的古迹地名片段,但这也是研究杭州历史和茶圣陆羽的极珍贵资料。

杭州最古老的地名"秦王缆船石"是陆羽记载的

　　《淳祐临安志》卷九记载有"秦王缆船石"条:"在钱塘门外,昔秦始皇东游泛海,舣舟于此。陆羽《武林山记》云:自钱塘门至秦王缆船石,俗呼西

■清嘉庆天门渤海家藏原本《茶经》之"八之出"中对"钱塘生天竺灵隐二寺"的记载

石头。北关僧思净刻大石佛于此。旧传西湖本通海，东至沙河塘向南一岸皆大江也，故始皇缆舟于此。""舣"是"附船着岸"的意思。

陆羽在《武林山记》中记载的"秦王缆船石"是杭州最古老的地名，历经沧桑的"秦王缆船石"至今还矗立在西子湖畔宝石山下。真可谓：秦王缆石今尚在，不见当年秦始皇。

陆羽《茶经》、《武林山记》与龙井茶的渊源

明《灵隐寺志》卷六下载有北宋时灵隐住持、高僧契嵩的《武林山志》，与陆羽失传的《武林山记》仅一字之差。《淳祐临安志》提及陆羽首次记载的古迹地名，契嵩《武林山志》大多都有。契嵩作为北宋高僧，当然见过陆羽的

■光绪丁未年（1907）之"西子湖图"（局部）

《武林山记》。从契嵩的《武林山志》，我们也可推断出陆羽《武林山记》的大致端倪。契嵩于北宋熙宁五年（1072）六月在灵隐寺入叙。契嵩的《武林山志》还提及不少武林山的古人遗迹，首两位即在武林山南坞炼丹之吴葛玄和晋葛洪。这说明契嵩视龙井一带为灵隐山，即武林山范围，所以记入其《武林山志》。灵隐寺视狮子峰为庙产，或视狮子峰为灵隐山麓之一部分，即武林山范围，所以将狮子峰记入《灵隐寺志》。

武林山即灵隐山。陆羽的《武林山记》失传了，但清《杭州府志》卷一却绘有明代留传的"武林山图"。此图中陆羽记载的一些地名都有标明，这是明清时期人们对武林山，即灵隐山范围的理解。古时变迁不大，也可以理解为图解陆羽《武林山记》的大致范围。此图武林山北至北高峰，南至白云峰一带，

■清《杭州府志》之"武林山图"，龙井茶核心地区狮子峰赫然绘于图中

东至灵隐寺、法喜寺一带，西至双桧峰。图中现代龙井茶核心地区之"狮子峰"赫然在列。其地域虽不大，却涵盖了历代古籍中盛产杭州龙井茶的灵隐寺、天竺寺、白云峰、香林洞、狮子峰等茶区。因此，这幅图也就把陆羽《茶经》中的灵隐、天竺两寺茶和宋代白云峰茶、香林洞茶、明清狮子峰下老龙井茶有机联系在一起。也就是说，这都是陆羽所写的《武林山记》范围之茶。龙井茶区是一个大的概念，唐代以灵隐、天竺两寺旁茶园所产之茶为代表，写入陆羽《茶经》；宋代则以龙井贡茶载入辩才和苏轼、赵抃的不朽诗篇，以白云峰茶、香林洞茶为贡茶载入《咸淳临安志》；到了清代，乾隆皇帝六下江南，四上龙井，写下六首御制龙井茶诗，龙井茶之上品又为狮子峰下的老龙井茶，而成御茶。龙井茶从唐代至清代之传承演变始终在陆羽《武林山记》之武林山

■韬光禅寺（20世纪初）

杭州老字号系列丛书·茶业篇

■白居易（772—846）

杭州老字号系列丛书·茶业篇

的范围之中，以"武林山图"为证。光绪丁未年，春壬月嘉定钱元涪绘的"西子湖图"（局部）中陆羽记载的翠微亭、呼猿洞、理公塔、下天竺均有，远处是龙井，也属武林山区域。

◎白居易与龙井茶

白居易，字乐天，自称香山居士、醉吟先生，祖籍太原，后迁居下邽（今陕西渭南），生于河南新郑。幼时贫苦，勤奋好学。唐贞元十六年（800）中进士。历官秘书省校书郎、翰林院学士、左拾遗、京兆府户曹参军、主客郎中等。唐长庆二年至四年（822—824）为杭州刺史。

白居易守杭期间，率领民众疏浚西湖，增高湖堤，提高蓄水量，保障江南运河通船。又作《钱塘湖石记》，颁布管理办法。白居易还为我们留下了歌颂杭州和西湖的诗作两百余首。他的"未能抛得杭州去，一半勾留是此湖"

清《灵隐寺志》卷八之白居易《宿灵隐寺》（左图book page）

■左 清《灵隐寺志》卷八之白居易《宿灵隐寺》
■右 清《灵隐寺志》卷一之"白公茶井泉"和"金莲池"条目

■白居易曳节行吟图

（《春题湖上》），"江南忆，最忆是杭州"（《忆江南》），更是唱绝了杭州和西湖，成为脍炙人口的诗句。

传世的诗句中，还有许多诠释了白居易和龙井茶的不解之缘。清《灵隐寺志》卷八之白居易《宿灵隐寺》有"在郡六百日，入山十二回……黄纸除书到，青宫诏命催。僧徒多怅望，宾从亦徘徊"之句。白居易是长庆二年来杭州任刺史的，在郡六百余日，又在杭州任太守近两年。其时，在公元804年，陆羽已过世，而灵隐寺住持还是陆羽好友道标，他是长庆三年（823）过世的，虽无直接书证，但我们有理由推断，白居易和道标有过交往。

白居易"入山十二回"，与韬光禅寺之高僧韬光禅师情谊深厚。清《灵隐寺志》有白居易《请韬光斋》诗，其中有"命师相伴食，斋罢一瓯茶"之句，说明白居易去灵隐寺、韬光禅寺吃斋饭、喝龙井茶确是常事。

北宋晏殊《舆地志》等著作还记载有白居易烹茗之事。《灵隐寺志》卷一之"白公茶井泉"条目，说白公

■韬光禅寺〔20世纪20年代〕

■南宋梁楷绘《八高僧故事图之白居易拱谒·鸟窠指说》，描绘了白居易向鸟窠禅师问道的故事

茶井泉"在形胜山麓，旧铁秀庵处"，还有"金莲池"条目，称其"在韬光"，均是当年白居易烹茗的遗迹。

南宋梁楷所绘《八高僧故事图之白居易拱谒·鸟窠指说》，描绘的是唐长庆二年白居易刚任杭州刺史时，携仆前去向鸟窠禅师问道的故事。杭州凤林寺（今杭州饭店）和尚圆修，因在寺前大树上巢居修行四十年，故人称鸟窠禅

■凤林寺（20世纪20年代）

製法沿革

唐時製茶不第建安品五代之季建屬南唐諸縣採茶北苑初造研膏繼造蠟面既而又製佳者曰京挺宋太平興國二年始置龍鳳模遣使即北苑團龍鳳茶以別庶飲又一種叢生石崖枝葉尤茂至道初有詔造之別號石乳又一種號的乳又一種號白乳此四種出而蠟

茶董補卷上　　十　　海山仙館叢書

面斯下矣真宗咸平中丁謂為福建漕監御茶進龍鳳團始載之茶錄仁宗慶麻中蔡襄為漕始改造小龍團以進首令歲貢而龍鳳遂為次矣神宗元豐間有旨造密雲龍其品又加于小團之上哲宗紹聖中又改為瑞雲翔龍至徽宗大觀初親製茶論二十篇以白茶自為一種與他茶不同其條敷闡其葉瑩薄崖林之間偶然生出非人力可致正焙之有者不過四五家家不過四五株所造止于一二銙而已淺焙亦有之但品格不及於是白茶遂為第一既而又製三色細芽及試新銙貢

■清道光版《茶董补》之"制法沿革"中有对蔡襄《茶录》和乌龙茶的记载

师。唐宋时从灵隐寺到宝石山一带不仅寺院林立，且茶园遍野。白居易、苏东坡守杭时均不时造访寺院高僧，烹茗品茶，赋诗论道。

前页有杭州凤林寺老照片，是白居易向鸟窠禅师问道的地方。

◎辩才、苏轼、赵抃与龙井寺、龙井茶

辩才住持上天竺寺20年之久

南宋《咸淳临安志》和明万历《钱塘县志》记载有"龙井延恩衍庆院"和"龙井院"。按这两处记载，"龙井延恩衍庆院"即"龙井寺"。乾祐二年（949），居民凌霄募缘建造，旧额"报国看经院"。北宋熙宁年间（约

■ 上 明唐寅《事茗图》
■ 下 宋徽宗赵佶《文会图》，展示宋代茶风之盛

1070）改为寿圣院，南宋绍兴三十一年（1161）改广福院，淳祐六年(1246)改今额，有"龙井"两字。

　　《咸淳临安志》和《龙井见闻录》有"元净"条目。元净，本名徐无象，浙江临安於潜人，生于1011年。他出生就颇传奇，刚生下来，左肩肉起，犹如袈裟，81天后渐渐消去。元净逝世时刚好81岁。元净10岁出家，18岁就学于上天竺慈云法师，法名"元净"。

　　元净在上天竺日夜勤精苦学，佛学超众。25岁，皇上赐给紫衣及"辩才"号。杭州知府吕溱邀辩才住持大悲宝阁达10年。后沈文通治杭，辩才奉命住持上天竺，道誉日隆，广播佛禅，冠于浙西，仰慕之学者名流成倍增加。辩才住持上天竺17年之久，有人借着官家势力，欲争夺住持之位，辩才不恋住持之位，遂退之。寺院随之冷落，群僧不服。逾年，辩才更返天竺，又留三年。

辩才创建龙井寺

　　辩才离开上天竺、中兴龙井寺之事，古籍上有一段详细记载：

　　经此之后，辩才退意愈坚，一日谓诸徒曰："吾筋力衰疲，劳于应接，安得幽僻，处一庵地，以养余年。"檀越（施主）闻之曰："辩才师有退居之意，吾辈蒙其德不为。"

　　不久，遂为其觅择可居之地，即龙井山寿圣院。当时仅敞居数楹，主者不堪其居，有人愿来，宁愿奉送。僧徒、施主为辩才师鼎新栋宇，不日而成。昔日破落的寺院，焕然一新，中建尊殿严圣像，前有三门，表示辩才师住持大悲阁，两次住持上天竺后的三解脱。元丰二年（1079），辩才68岁，从上天竺退居到龙井寺。其时的龙井寺修缮一新，初具规模。亭、阁、泉、石俱有名称和出典，曰：钟鼓阁、潮音堂、讷斋、寂室、照阁、冲泉、闲堂、方园庵、归隐

■杭州上天竺寺（20世纪20年代），辩才住持上天竺20年之久

柱、涤心沼、萨石。而最著名的还是以龙井、龙泓命名的龙井亭、龙泓亭。辩才法师虽退居休闲，但仍老当益壮，其选择龙井之意在于：

> 众山环绕，景象万千，断岸泓澄，神物攸宅，龙井岩也。势将奋迅，百兽窜慑，狮子峰也。

辩才和苏轼的交往

在辩才住持天竺灵感观音寺和龙井寺的33年间，会晤无数达官名流，但有深厚友情的应数苏轼、赵抃、秦观、米芾、杨杰等几位。

苏轼（1036－1101），即苏东坡，字子瞻，四川眉州眉山人，北宋嘉祐二年（1057）进士。熙宁四年（1071），任杭州通判。元祐三年（1088），拜龙图阁学士，知杭州。官至礼部尚书。苏东坡两仕杭州，疏浚茅山、盐桥两河，以通漕运。不遗余力，复完六井，解决了杭城饮水难题；挖取西湖葑泥，筑成

■苏轼《辩才帖》

长堤，后人名为"苏公堤"，也即苏堤，是西湖十景"苏堤春晓"之所在。

苏轼首次通判来杭，在杭三年，辩才时在上天竺为住持，那年苏轼35岁，辩才已58岁，但他们很快成为忘年交。

其时，苏东坡有《赠上竺辩才师》诗：

南北一山门，上下两天竺。中有老法师，瘦长如鹳鹄。

不知修何行，碧眼照山谷。见之自清凉，洗尽烦恼毒。

坐令一都会，男女礼自足。我有长头儿，角颊峙犀玉，

四岁不知行，抱负烦背腹。师来为摩顶，起走趁奔鹿。

乃知戒律中，妙用谢羁束。何必言法华，佯狂啖鱼肉。

这首《赠上竺辩才师》，大致分两部分，第一部分是赞扬、描述辩才法师；第二部分讲述辩才为苏东坡第二个儿子苏迨摩顶治疗小儿脑积水症，痊愈后"起走趁奔鹿"。苏轼和辩才之间私交非常深厚。

苏东坡二度知杭，辩才已退居龙井，创建龙井寺。苏东坡去龙井探望辩

杭州老字号系列丛书·茶业篇

025

藏閣王梅氏高州杭　本拓石殘像坡東刻宋藏堂山

亦失分公誰東
難眞相然氏坡
得者似既此小
、不、屬刻象
越同與宋年刻
園、蒪刻月石
記搨常、未最
今本搨必詳多
刻、、
有、
幾然
時多
代厲
不濤
遠代
、輾
必轉
有傳

平東坡小象刻石最多、然多屬濤代輾轉傳
摹之作、此石乃宋時
所刻、舊爲海寧朱氏
平山堂所藏、後歸端
匋齋齋、今不知復落
誰氏、此刻年月未詳
、然既屬宋刻、去坡
公時代不遠、必有幾
分相似、與蒪常搨刻
不同、搨本今
亦失眞者不同、越園記

■平山堂藏宋刻东坡像残石拓本（载1935年《东南日报副刊·金石

才，互有诗作唱和。苏轼诗曰：

日月转双毂，古今同一丘。惟此鹤骨老，凛然不知秋。

去住两无碍，天人争挽留。去如龙出山，雷雨卷潭湫。

来如珠还浦，鱼鳖争骈头。我比陶令愧，师为远公优。

送我还过溪，溪水当逆流。聊使此山人，永记二老游。

大千在掌握，宁有离别忧。

经历磨难，苏东坡已少了年轻气盛，诗句充满对宇宙人生的了悟，感叹别离之忧愁。辩才在龙井建新亭时，作《龙井新亭初成诗呈府帅苏翰林诗》，曰：

政暇去旌旗，策杖访林邱。人惟尚求旧，况悲蒲柳秋。

云谷一临照，声光千载留。轩眉狮子峰，洗眼苍龙湫。

路穿乱石脚，亭蔽重岗头。湖山一目尽，万象掌中浮。

煮茗款道伦，奠爵致龙优。过溪虽犯戒，兹意亦风流。

自惟日老病，当期安养游。愿公归庙堂，用慰天下忧。

昔日的乱山破庙在辩才的10年化缘整理下，景色大为改观，许多景点保留至今。诗中"煮茗款道伦"，描绘的是辩才和苏轼款款烹煮龙井香茶，细细探求佛禅人生的情景。《龙井见闻录》卷二记载的过溪亭和德威亭，其注释均载有辩才和苏轼二老当年的风流轶事。

光绪十八年（1892）上海文选书局石印本《西湖佳话古今遗迹》中便有"苏轼和辩才"（见第28页），辩才身材高大，仔细倾听苏轼讲话。苏轼头戴纶巾，着长袍，正兴高采烈地谈古论今。画面中有奇石、竹林、庙宇、小桥、流水，远处是白云、群山。描绘的应是辩才送苏轼到过溪亭桥的那一幕。

明《海内奇观》卷三之"烟霞龙井"图中（见第29页），狮子峰下的龙井寺、片云亭、过溪亭都有绘出。此图还有说明，（龙井寺）位于凤凰岭东，寺内有龙井名泉，其周围盛产名贵绿茶"西湖龙井"。图中龙井似乎还有龙在喷泉。

◎北宋两任杭州知府赵抃的诗作，首次称龙井茶为"贡茶"

清《龙井见闻录》卷四有"赵抃"条目。赵抃（1008－1084），北宋景祐元年（1034）进士，官至殿中侍御史。熙宁三年至五年（1070－1072），熙宁十年至元丰二年（1077－1079）两度知杭。赵抃在元丰二年仲春离杭归田之

■清光绪十八年版《西湖佳话古今遗址》中之"苏轼和辩才"

际，出游南山宿龙井，与辩才促膝长谈。元丰甲未年（1084），赵抃再度去龙
井，看望老友辩才，在龙泓亭赋茶诗一首，辩才也有和诗。如下：

余元丰年己未（1079）仲春甲寅，以守杭得请归田，出游南山宿龙井佛
祠。今岁甲子六月朔旦复来，六年于兹矣。老僧辩才登龙泓亭，烹小龙团，
以迓余，因作四句云：

湖山深处梵王家，半纪重来两鬓华。

珍重老师迎意厚，龙泓亭上点龙茶。

辩才和诗：

南极星临释子家，杳然十里祝青华。

右側版刻（《龍井見聞錄》卷二）豎排文字：

龍井見聞錄卷二　　七

見楊傑院記詳上
魏顗錢塘縣志舊志云在老龍井甚清列

謹案元淨楊傑十三詠其方圓庵開堂滌
心則直沼詔龍井而已故又元淨日龍井亭而楊傑
詩云別龍井附龍井亭而楊傑

龍泓亭
今登梵王家半臨青華釋來淨和
歲甲寅子以六小月龍團旦請扑詩井敘余遊於茲
深龍泓處登梵王家半臨青華釋來淨貢茶自爾
才然十里祝龍泓亭烹小月龍團旦請扑詩南極星臨釋迦意
杏增疑卿案過龍泓亭亦詠貢茶爾

左图标注：煙霞龍井、南高峰、獅子峰等

■左　明《海内奇观》之"烟霞龙井"
■右　清《龙井见闻录》卷二之"龙泓亭"条目载有赵抃和辩才咏龙井茶的和诗，首次称龙井茶为"贡茶"

公年自尔增仙箓，几度龙泓咏贡茶。

《龙井见闻录》卷二有"龙泓亭"条目，据此条目考证，"龙泓亭"即"过溪亭"。这首诗中，"龙泓亭上点龙茶"中的"龙茶"当为龙井寺出产的小龙团茶。宋代茶叶均压制成团饼，便于储藏和运输。贡茶外面压有龙、凤图案，称"龙团"、"凤饼"，大者称大龙团。"几度龙泓咏贡茶"，证实当时龙井地区的小龙团茶已成为贡茶。就在写下这首和诗的那一年，赵抃逝世，这首诗也成了"龙井贡茶"的一个证据。

南宋杭州籍画家刘松年的《撵茶图》，原图藏台北故宫博物院。绢本，设色，57厘米×60厘米。此图可以帮助我们领会宋代"撵茶"的意境，陆羽《茶

■南宋刘松年《撵茶图》（局部），描绘了宋代饮茶的具体操作过程

经》和古代茶书上记载的各种茶具在图中均一一绘出，也是研究茶史的直观资料。

南宋《咸淳临安志》对杭州龙井贡茶的记载

北宋时，不仅龙井茶是贡茶，杭州很多地方的茶叶也进贡朝廷。南宋《咸淳临安志》中"货之品"记载，其时杭州多处佳茶成为贡茶，还都有杭州知府苏轼的题诗。岁贡见旧志载：

钱塘宝云庵产者，名宝云茶；下天竺香林洞产者，名香林茶；上天竺白云峰产者，名白云茶。

东坡诗云："白云峰下两枪新"。又宝严院垂云亭亦产茶。东坡有怡然以垂云新茶见饷，报以"大龙团"，戏作小诗："妙供来香积，珍烹具太官。拣芽分雀舌，赐茗出龙团。"又游诸佛舍，一日饮酽茶七盏，戏书有云："何须魏帝一丸药，且尽卢仝七碗茶。"盖南北两山及外七邑诸名山，大抵皆产茶。近日径山寺僧采谷雨前者，以小罐赠送。

宋时杭州钱塘龙井茶区名茶多为贡茶，由知府选优者岁贡朝廷。书中提及"宝云庵产者，名宝云茶"之宝云庵，即《咸淳临安志》卷七九之"宝云寺"，其中有："旧志有宝云庵，古迹有灵泉井、宝云茶坞、初阳台"。故宝云庵也即宝云寺，地点应是现葛岭一带，宋时也产茶，由此推断唐陆羽访秦王缆船石时，宝石山、葛岭一带都是茶园。

"又宝严院垂云亭亦产茶"一句之宝严院，《咸淳临安志》卷七九有"宝严院"。宝严院的地点也在宝石山、葛岭一带，大致在今杭州饭店东侧。此条目末尾有苏轼诗。

"怡然以垂云新茶见饷，报以'大龙团'"，所作的原诗如下：

妙供来香积，珍烹具太官。拣芽分雀舌，赐茗出龙团。

晓日云庵暖，春风玉殿寒。聊将试道眼，著作两般看。

歲貢 見舊志載錢塘寶雲菴産者名寶雲茶，下天竺香林洞産者亦名香林茶，亭亦產，上天竺白雲峯産者名白雲茶。東坡詩云：白雲峯下兩槍新……又寶嚴院垂雲亭亦産茶，東坡有怡然以垂雲新茶見餉，報以大龍團，戲作小詩云：妙供來香積，珍烹具太官，揀芽分雀舌，賜茗出龍團，曉日雲庵暖，春風浴殿寒……何須魏帝一丸藥，且盡盧仝七碗茶。南北兩山及外七邑諸名山大抵皆産茶，近日徑山寺僧採穀雨前者，以小缶貯送。

咸淳臨安志卷五十八　八

■左　南宋杭州籍画家刘松年的《斗茶图》
■右　南宋《咸淳临安志》卷五八记载杭州之"贡茶"

　　拣芽、雀舌指的是细嫩的茶叶，宋徽宗《大观茶论》有："凡芽如雀舌、麦颗者为斗品，一枪一旗者为拣芽……"

　　"云庵暖"、"玉殿寒"指茶区已春暖，贡茶快马送京师，而京师宫殿还是春寒料峭。

　　明代画家丁云鹏有《玉川煮茶图》。卢仝自号"玉川子"，玉川即卢仝。此图可以帮助我们理解苏轼"何须魏帝一丸药，且尽卢仝七碗茶"的意境。

◎苏轼仕杭咏茶诗

　　苏东坡两度出仕来杭，为我们留下了无数脍炙人口的传世诗作，其中不乏

明丁云鹏《玉川煮茶图》

咏茶诗。南宋《咸淳临安志》卷七九"报恩院"中有两首咏茶诗。第一首《西湖游览志》卷一四也有刊载：

> 白发长嫌岁月侵，病眸兼怕酒杯深。
>
> 南屏老宿间相过，东阁郎君懒重寻。
>
> 试碾露芽烹白雪，休拈霜蕊嚼黄金。
>
> 扁舟又载平湖去，欲访孤山支道林。

"试碾露芽烹白雪，休拈霜蕊嚼黄金。"宋时饮茶，先碾成粉末，"烹白雪"是指煎茶时形成的泡沫；"霜蕊"形容茶嫩；"嚼黄金"指碾茶用力要均匀细致，勿将铜碾末烹入茶汤中。

第二首咏茶诗曰：

> 湖上青山翠作堆，葱葱郁郁气佳哉。
>
> 笙歌丛里抽身出，云水光中洗眼来。
>
> 白足赤髭迎我笑，拒霜黄菊为谁开。
>
> 明年桑苎煎茶处，忆著衰翁首重回。

写这两首咏茶诗时，苏轼似已年迈，并意识到将要离杭，带着对杭州和杭州龙井茶的眷恋，期望年年都到"桑苎煎茶处"来品茶。

"桑苎煎茶处"之"桑苎"两字，来源于茶圣陆羽的别号"桑苎翁"。作为杭州知府，苏轼当然知道陆羽多次来杭，并

杭州老字号系列丛书·茶业篇

煎茶歌

宋 苏 轼

蟹眼已過魚眼生，颼颼欲作松風鳴。蒙茸出磨細珠落，眩轉遶甌飛雪輕。銀瓶瀉湯誇第二，未識古人煎水意。君不見昔時李生好客手自煎，貴從活火發新泉。又不見今時潞公煎茶學西蜀，定州花瓷琢紅玉。我今貧病長苦饑，分無玉碗捧蛾眉。且學公家作茗飲，博鑪石銚行相隨。不用撐腸拄腹文字五千卷，但願常及睡足日高時。

茶董補卷下

九 海山仙館叢書

■ 左　南薰殿本《苏东坡先生像》（载1935年《东南日报副刊·金石书画》）
■ 右　清道光版《海山仙馆丛书·茶董补》之《苏轼·煎茶歌》

在余杭双溪著作《茶经》。《咸淳临安志》卷三八有"安平泉"条目，曰：

安平泉，在仁和安仁西乡安隐院（旧额安平院）。有池，名安平泉。今池边有亭，题咏东坡诗：

策杖徐徐步此山，拔云寻径兴飘然。

凿开海眼知何代，种出菱花不记年。

烹茗僧夸瓯泛雪，练丹人化骨成仙。

当年陆羽空收拾，遗却安平一片泉。

明崇祯三年（1630）沈一先曾补刻东坡安平泉诗，镌于石上。文化大革命前

034

余杭临平还有安平泉，后为农机厂填埋。宋代仁和县和余杭县都是杭州知府苏轼管辖之地。苏东坡笔下的"安平一片泉"和从唐代保存至今的余杭双溪"陆羽泉"非常相似。"当年陆羽空收拾"，是讲仁和临平这么甘洌清澈，"烹茗僧夸瓯泛雪"的"安平泉"，陆羽怎么会遗却掉？这也从侧面说明宋代苏轼是知道陆羽在陆羽泉著《茶经》的，所以拿"安平泉"和"陆羽泉"对比的。

南宋《咸淳临安志》卷五六"贡院"条目有苏东坡的《试院煎茶诗》：

蟹眼已过鱼眼生，飕飕欲作松风鸣。

蒙茸出磨细珠落，眩转绕瓯飞雪轻。

■2004年底发现的杭州
孤山"六一泉"石碑

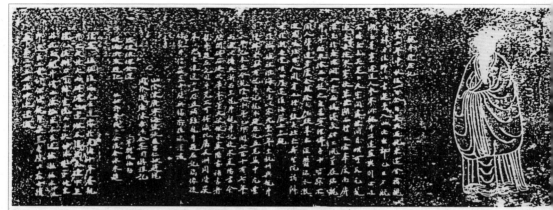

■清宣统二年（1910）镌刻之《秦观像并龙井题名记》拓片，此碑现已不存

　　　　　　银瓶泻汤夸第二，未识古人煎水意。

　　　君不见，昔时李生好客手自煎，贵从活火发新泉。

　　　又不见，今时潞公煎茶学西蜀，定州花瓷琢红玉。

　　　我今贫病尝苦饥，分无玉碗捧蛾眉。

　　　且学公家作茗饮，博炉石铫行相随。

　　　不用撑肠拄腹文字五千卷，但愿常及睡足日高时。

　　这首诗在许多刊物上转载过，但都未标其出处，很少人知道是苏轼在杭州当太守时写下的。

秦观、杨杰、高丽王子僧统义天与龙井寺、龙井茶

　　杭州的西湖龙井茶，在北宋因辩才的声誉，苏轼、赵抃的影响和咏茶诗作，达官名流频频造访龙井寺品茶而名声大振。在这一造势中，宋代大文学家秦观（1049－1100）的《游龙井记》颇有影响，辩才的经历能传世多缘于此。秦观《游龙井记》还由宋朝大书法家米芾书写，由此名声更盛。清《龙井见闻录》载有秦观《游龙井记》。秦观，北宋著名词人，字少游，高邮人。曾任秘

■明代大书画家董其昌所书秦观《游龙井记》残碑拓片

书省正字，登第为定海主簿。元祐初，苏轼以贤良方正推荐于朝廷，除太学博士，累迁国史院编修官等职。苏轼称他有屈、宋之才，是苏轼得意门生。清嘉庆元年（1796）二月，秦观裔孙震钧敬镌有《秦观像并龙井题名记》。此石在清宣统二年（1910）秋重新镌刻。故宫博物馆藏有此碑拓本，并称碑石在浙江杭州。拓片高34厘米，长90厘米，秦观记，行书，刘征镌，附刻秦瀛等跋。今已不存。

《咸淳临安志》有《杨杰延恩衍庆院记》，记载辩才为天台宗一代宗师，坐

■清《玉岑山慧因高丽华严教寺志》

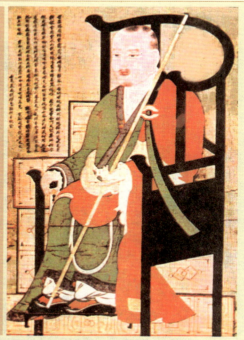

■高丽王子僧统义天像

道场四十年,影响海外。元丰八年,杨杰奉朝廷之命陪高丽王子世僧统访道龙井寺,拜谒辩才师。辩才陪同高丽王子和朝廷大员杨杰遍游龙井寺内八景,饮龙井茶,品龙井泉,从容论道,久而复还。此事在朝韩佛教界影响深远。高丽王子僧统义天还前往杭州慧因寺,拜谒住持晋水法师,悟华严经。返国后,金书《华严经》三部附贡舟晋慧因寺,杭人遂呼"慧因寺"为"高丽寺"。高丽王子僧统义天是韩国传播茶禅文化之鼻祖,中韩茶禅交流的友好使者。

苏东坡与僧统义天有过多次交往,并有诗云:"三韩老子西求法",赞誉高丽王子艰难入宋之举。

明代杭人首创"撮泡法"

著名茶学专家陶秉珍有一段关于杭州饮茶方式演变的论述。他写道:"宋

■20世纪末在杭州高丽慧因寺出土的"苏东坡石像"（鲍志成摄）

■左　清《龙井见闻录》之"龙井茶"　　■右　清《龙井见闻录》卷五之"老龙井茶"

代文人学士，渐将饮茶艺术化，用一种欣赏的态度饮茶，并不作为解渴之饮料，或治病之汤药。彼等喜欢探求新品种，制造新制品，并举行比赛，以评优劣，称为斗茶。"曾于北宋治平二年（1065）为杭州知府的蔡襄所著《茶录》一书，为宋代艺术化饮茶奠定了基础。蔡襄以创制小龙团茶进贡而得名。当时烹茶习惯，已由煎茶而改为点茶，是把整片茶叶不经揉捻烘焙干燥后碾碎成末，冲入热水，用细竹帚搅拌击打，直到泛起白色泡沫，再用盐代替香料，如此才可嗅到茶叶微妙芳香。据《宋史·食货志》所载："茶有二类，曰片茶，曰散茶。"片茶就是饼茶，散茶就是叶茶。当时各地均有精致茶室出现，作为文人墨客品茗所在。

　　赵孟頫（1254－1322），湖州人，元代大书画家，官至翰林学士。赵孟頫多次来杭，《灵隐寺志》有赵孟頫专门记载。其《斗茶图》传神逼真，再现了古代斗茶场面。

■左 台北故宫博物院藏南宋刘松年《博古图》（局部）
■右 清 华岩《金屋春泻图》

不过宋朝茶叶是和砖茶相似的饼茶。到南宋后期至明朝初年，方转变为现今饮用茶叶，将茶芽揉成条索加以干燥，而不经捣、入模等程序。所以计量用斤，而不用片。明成化《浙江志》中说："杭州府土贡茶芽四十斤，富阳县土贡茶芽二十斤，临安县土贡茶芽二十斤。"关于泡饮方式，亦有改变。明陈师撰《禅寄笔谈》云："杭俗用细茗置瓯，以沸汤点

■元 赵孟頫《斗茶图》

之，名曰撮泡。"此即现在龙井茶之泡法。

陶秉珍的说法，明成化《浙江志》、清《杭州府志》均有出处。由此我们可以认定，明代杭州地区的龙井贡茶和富阳、临安贡茶是以条索状的芽茶论斤进贡的。这种芽茶以"撮泡法"饮用，随之演变成扁形龙井茶。

清代华岩《金屋春泻图》中的仕女，三寸金莲，十指纤纤，端坐在红木凳上，红木茶几上有一精致的细瓷茶碗，是清代上层人士品尝龙井茶的写照。这幅图也是杭人首创的"撮泡法"饮茶形象的再现。

元、明咏龙井茶诗选

元、明的古籍也有大量咏叹龙井茶的诗作，限于篇幅，只能择其有代表性者述之。

清《龙井见闻录》中有姚绶的《龙井》。姚绶，明代著名画家，在明成化年间官至监察御史。《龙井》诗云：

> 龙井泉头与客过，计程远度石嵯峨。
>
> 茶畦麦陇连山麓，僧寺人家各涧阿。
>
> 决决暗流霜叶乱，斑斑飞雉夕阳多。
>
> 品尝顾渚风斯下，零落《茶经》奈尔何。

自唐代陆羽在余杭著《茶经》，过了五百年，龙井茶后来居上，品尝"龙井茶"已为元、明时尚。顾渚紫荀茶每况愈下，不管《茶经》如何推崇，也无可奈何。

明末清初学者朱彝尊的《龙井》，描绘的是斗茶场面：

> 一泓亭山坳，过者不敢唾。
>
> 昂然龙窟宅，亦许斗茶坐。
>
> 起摹襄阳碑，惜为僧所婉。

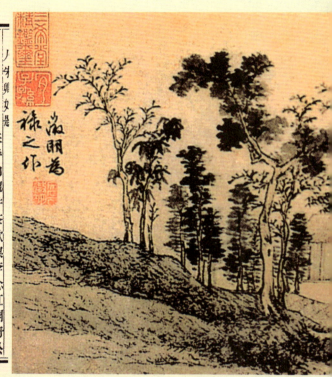

■清《龙井见闻录》卷六之屠隆《龙井茶歌》

明学者严绳孙的《竹枝词》云：

龙井新茶贮满壶，赤栏干外是西湖。

年时还有当垆女，青斾红灯唱鹧鸪。

描绘了在西湖边喝龙井茶，观歌舞，乐而忘返的情景。

明汪光披《竹枝词》云：

山为城郭水为家，风景清和蝶恋花。

昨暮老僧龙井出，竹篮分得雨前茶。

前两句是杭州西湖环境和美丽风景的描绘，后两句是写货真价实的龙井雨前茶。

在众多的龙井茶诗歌中，最深刻全面描绘龙井茶的，当数屠隆的《龙井茶

■明 文徵明《林榭煎茶图》

歌》。屠隆（1542—1605），明代戏曲家，字长卿、纬真，号赤水、鸿苍居士。

鄞县（今浙江宁波）人，明万历五年（1577）进士。曾任青浦知县、礼部郎中。

《龙井茶歌》：

> 山通海眼蟠龙脉，神物蜿蟺此真宅。
>
> 飞泉喷沫走白虹，万古灵源长不息。
>
> 琮铮时谐琴筑声，澄泓冷浸玻璃色。
>
> 令人对此清心魂，一漱如饮甘露液。
>
> 吾闻龙女渗灵山，岂是如来八功德。
>
> 此山秀结复产茶，谷雨霏霖抽仙芽。

■明 文徵明《品茶图》（局部）

香胜旃檀华严界，味同沆瀣上清家。

崔舌龙团亦浪说，顾渚阳羡拒须夸。

摘来片片通灵窍，啜处泠泠馨齿牙。

玉川何妨尽七碗，赵州借此演三车。

采取龙井茶，还念龙井水。

文武每将火候传，调停暗合金丹理。

茶经水品两足佳，可惜陆羽未知此。

山人酒后酣龁甋，陶然万事归虚空。

一杯入口宿醒解，耳畔飒飒来松风。

即此便是清凉国，谁同饮者陇西公。

万历甲午秋七月赤水洞天居士屠纬真书。

这首写于明万历甲午（1594）秋七月的《龙井茶歌》，是咏茶诗歌中较为详细的，从龙井茶的环境、龙井山、龙井泉，写到"谷雨霡霂抽仙芽"，到龙井茶的生长，"摘来片片通灵窍，啜处泠泠馨齿牙"，品茗龙井茶的美妙尽在其中。

"旃檀"是梵文"旃檀那"的省称，即"檀香"。"沆瀣"是露水、甘露之意。"香胜旃檀华严界，味同沆瀣上清家"，意思是说，龙井茶嗅之，气息胜过世上最香的檀香；品之，简直如饮甘露一般。后面的"顾渚"、"阳羡"都是古代名茶，"玉川"即卢仝，"赵州"是佛界"吃茶去"禅语的发祥地，均是用来形容明代龙井茶的声誉大振，赢得了官家名流的认可。

文徵明（1470－1559），明代杰出画家、诗人，苏州人。与唐寅、沈周、仇英同为明四家。其画粗细兼具，清润自然。苏杭两地文人往来频繁，文徵明也多次到杭州，品西湖龙井茶。《林榭煎茶图》中，两人入画，一老者凭栏远眺，一童子正操作煎茶，和《品茶图》一样，都是明代文人嗜茶风盛的写照。

茶业篇

HANGZHOU TEA 业 TRADE HISTORY

◎ 龙井御茶 ◎

■《康熙南巡图》第一卷（局部）描绘了康熙一行飞马从京师的永定门出发南巡的场景

龙井御茶

◎《杭州府志》中的康熙、乾隆皇帝下江南

    清代的《杭州府志》足有两百卷之多，前有首卷"宸章"八卷。"宸章"之"宸"代表帝王，"宸章"也就是记载皇帝的篇章。

    "宸章"之一记载了清圣祖康熙皇帝三度南巡，驾临杭州，阅视驻防，教

■ 《康熙南巡图》第九卷"皇上渡钱江"（局部）描绘了康熙一行从杭州渡过钱塘江，在萧山登陆去绍兴的场景

诲官员，关心农桑。康熙皇帝对杭州的府学、寺院、名胜、古迹多有赋诗。可能康熙年间国家局势初定，皇帝出巡重在边防赋税，少暇游览，故没有游龙井、品佳茶的记载。

《康熙南巡图》共12巨卷，由清著名画家王翚（1632—1717）主绘，描绘了康熙二十八年（1689）康熙第二次南巡的盛况。《康熙南巡图》第一卷（局部）描绘了康熙皇帝一行从京城的南门永定门出发，抵达京郊南苑行营的行程。康熙帝由永定门出发，经陆路南行至宿迁，乘舟沿运河而下进入江南地区，在杭州登岸再到绍兴。返京时从南京顺长江拐入运河，北上天津，最后返抵京城。12幅画首尾相连，将南巡沿途所经之州县、城池、山川、河流、名

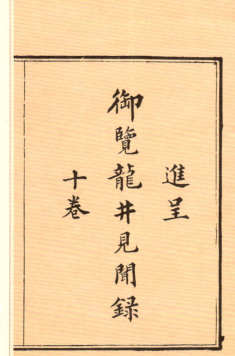

■清《御览龙井见闻录》

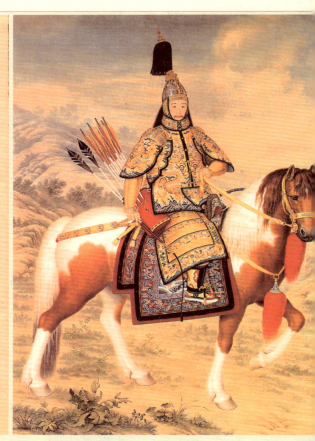

■郎世宁绘《乾隆大阅图轴》中的乾隆皇帝

胜、古迹——入画，对于研究清代历史，弥足珍贵。

清《杭州府志》首卷之二至六的五卷"宸章"是清高宗乾隆帝（1736—1795）六次下江南，临幸杭州的实录。由于有了康熙和雍正两朝的治理，此时国泰民安，乾隆下江南有了宽松的环境和宽裕的时间。除了对官吏、海防、农桑、府学非常关心外，对杭州美不胜收的风景，千年传承的名胜，乾隆每次来都要游览题词，还多次遍访龙井寺八景，观看龙井茶的采摘、炒制，写下不少咏茶诗作。

位于九五之尊的皇帝，如此青睐一个景点、一个茶区，也使地方官员惶恐

廷画《乾隆雪景行乐图轴》（局部）。众仆人烹茶，一名仆人（太监）奉茶前去。

■徐扬绘《乾隆南巡图卷》第九卷（局部）。描绘乾隆皇帝的船队行进在繁华的江南大运河上

不安，昼夜思考，于是延揽名家博采群书写就了十卷《御览龙井见闻录》，可谓绝无仅有。这一由清学者汪孟撰写的十卷《御览龙井见闻录》，征引的古代书目从晋、唐到明、清共153部，其中也有陆羽《茶经》，许多古籍现今已不复存在。《御览龙井见闻录》无疑是研究杭州地方史和龙井茶非常宝贵的历史资料。

◎乾隆皇帝的六首龙井御茶诗和品茗图

清《龙井见闻录》首为御制诗两首。第一首是乾隆皇帝于乾隆十六年（1751），首次南下巡幸天竺，览乡民采茶制焙之法，欣然命笔，写下的《观采茶作歌》：

> 火前嫩，火后老，惟有骑火品最好。
>
> 西湖龙井旧擅名，适来试一观其道。
>
> 村男接踵下层椒，倾筐雀舌还鹰爪。
>
> 地炉文火续续添，乾釜柔风旋旋炒。
>
> 漫炒细焙有次第，辛苦功夫殊不少。
>
> 王肃酪奴惜不知，陆羽茶经太精讨。
>
> 我虽贡茗未求佳，防微犹恐开奇巧。
>
> 防微犹恐开奇巧，采茶竭览民艰晓。

乾隆皇帝作为一朝名帝，首次下江南亲览采摘、炒焙龙井茶应是绝无仅有的。"王肃酪奴惜不知，陆羽茶经太精讨"一句，据《洛阳伽蓝记》第三卷"报条寺条"所载：王肃是当时显贵，从南齐奔北魏，初入国，不食羊肉酪浆，常以鱼羹为食，茗汁为饮。许多士大夫羡慕王肃，学习茗饮。说明魏晋时期中国士大夫阶层中已有嗜茶族。

乾隆二十二年（1757），乾隆皇帝二度南巡驾临杭州幸云栖，又写下《观采茶作歌》：

■清《浙江通志》中的"圣因寺图"。圣因寺，即清行宫所在，今中山公园。

前日采茶我不喜，率缘供览官经理。

今时采茶我爱观，吴民生计勤自然。

云栖取近跋山路，都非吏备清跸处。

无事回避出采茶，相将男妇实劳劬。

嫩荚新芽细拔挑，趁忙谷雨临明朝。

雨前价贵雨后贱，民间触目陈鸣镰。

由来贵诚不足伪，嗟哉老幼赴时意。

敞意粝食曾不敷，龙团凤饼真无味。

松石流泉间阴来夏六
寅撰忠坐盘陀飘然形
带宽锥者画其技芳者
赵峰间僧宜入图画暴
竹皮冠
癸酉夏日题 书

■清代宫廷画家董邦于乾隆十八年绘制的《清高宗松石流泉闲坐图》，图中茶童在烧水烹茶。

　　这首诗作中，乾隆对龙井茶的炒制和因时令价格贵贱都仔细考察、询问，详细写入诗中。"雨前价贵雨后贱"，清代推崇的是"雨前龙井茶"，而非今日之"明前龙井茶"，从侧面印证杭州龙井茶区的物候变化。

　　"我虽贡茗未求佳"，乾隆皇帝自喻体察下情，对贡茶质量不苛求。乾隆贵为皇帝，多次实地考察茶叶的采摘、炒焙及价格，也遍品各地最好的贡茶，应该讲是一位当之无愧的品茶专家。

　　清代名画家董邦于乾隆十八年绘制的《清高宗松石流泉闲坐图》。右上角有乾隆帝的题词和御玺之印。松石流泉间，乾隆宽衣飘然盘坐在石旁，构思当政之道。此幅画中，乾隆不忘带一童子，随时以高超的技艺，

■民国初年拍摄的杭州行宫码头

烹煮泡制各色贡茶，以便饮用。这幅画展示了乾隆既为皇帝又为品茶专家的一面。

乾隆二十七年（1762），乾隆第三次下江南，临幸杭州，于龙井作《再游龙井即景，杂咏六首》和《坐龙井上烹茶偶成》。《再游龙井即景，杂咏六首》和后面的咏龙井诗一样，一再提到苏轼和辩才，可见龙井寺、龙井茶因为有苏轼和辩才轶事所以影响深远。《坐龙井上烹茶偶成》是乾隆第三首咏龙井茶诗。诗如下：

龙井新茶龙井泉，一家风味称烹煎。

寸芽生自烂石上，时节焙成谷雨前。

何必凤团跨御茗，聊因雀舌润心莲。

呼之欲出辩才在，笑我依然文字禅。

这首咏龙井茶诗有几处可点。一是乾隆咏龙井茶的饮用，使用"烹煎"

两字，这是指烹煎泉水，非煎茶；二是乾隆第二次在咏龙井茶中写到陆羽《茶经》，而且借陆羽《茶经》谈茶叶生长的土壤；三是"何必凤团夸御茗，聊因雀舌润心莲"，乾隆从观采茶、焙制，咏出了品饮龙井新茶"润心莲"的美好；四是证实三百年前的杭州气候较今天寒冷，龙井优质茶以"雨前茶"为上，不像今天龙井茶崇尚清明前的"明前茶"，物候相差在半个月以上。

乾隆三十年（1765），乾隆皇帝第四次下江南，驻跸西湖行宫20天，写就两首咏龙井茶诗。乾隆第四首咏"龙井茶"诗为《再游龙井作》：

清跸重听龙井泉，明将归辔启华旍。

问山得路宜晴后，汲水烹茶正雨前。

入目景光真迅尔，向人花木似依然。

斯诚佳矣予无梦，天姥那希李谪仙。

井龙

■清《南巡盛典》之"龙井图"

这首诗是乾隆即将起驾返京之际，怀念去龙井"汲水烹茶"写的。乾隆六下江南，每次去龙井，都在清明之后谷雨之前，可以品尝到"雨前龙井茶"。

第五首诗曰《雨前茶》：

新芽麦颗吐柔枝，水驿无劳贡骑驰。

记得湖西龙井谷，筠筐老幼采忙时。

第一泉花活火烹，越瓯湘鼎伴高清。

聂夷中句蓦然忆，新谷闪丝合共情。

■清宫廷画《万国来朝图轴》（细部）之"乾隆待茗图"

"新芽麦颗吐柔枝"中的"麦颗"和上面几首咏茶诗中的"雀舌"，都是形容龙井嫩芽，出自宋徽宗的《大观茶论》。乾隆不仅嗜茶如命，亲临龙井茶区考察，对我国古代茶书也曾反复阅读，对茶具也研究颇深。

《万国来朝图轴》是一件描绘清朝国力强盛，藩国及外国使臣前来朝贺的画作。纵365厘米，横219.5厘米。画面规整豪华，场面宏大。图中的乾隆手抱皇孙，在等待藩国和外国使臣来朝之中也不忘先品茗。

乾隆四十五年（1780）和四十九年（1784），乾隆皇帝又两次下江南临幸杭州。乾隆最后一次来杭已75岁高龄，在西湖行宫驻跸26日。清初皇帝的杭州行宫原在涌金门内太平坊，康熙年间将孤山的圣因寺修缮改建为行宫。乾隆、嘉庆皇帝出游西湖，去龙井问茶都是从孤山行宫出发的。

在《杭州府志》的"宸章"里还记载着乾隆皇帝上龙井，观过溪亭、涤心沼、一片云、风篁岭、方园庵、龙泓涧、神运石、翠峰阁的诗咏，除了《龙井六咏》外，还有《龙井八咏》、《雨中再游龙井》、《龙井上作》等许多咏龙井的诗作。乾隆皇帝在杭州游湖览山，驻跸孤山行宫时，也读古籍、赏名画，连同怀念古人游湖览山观感写入诗中，其中提及最多的古人是苏轼、辩才，足见一代名臣、高僧影响之深。《杭州府志》首卷之四"宸章"三十二所载之"项圣谟《松阴焙茶图》即用其韵"诗，是乾隆再次下江南，在杭州写的第六首咏龙井茶诗。诗如下：

> 记得西湖灵隐寺，春山过雨烘晴烟。
>
> 新芽细火刚焙好，便汲清泉竹鼎煎。

乾隆帝观看炒龙井新茶，刚焙好便迫不及待地汲来清泉煎煮品味。刚焙好的龙井茶则可煎水品饮，不入模，不碾碎，肯定是条索状，是否扁形茶，尚不能肯定。《南巡盛典》中的"龙井图"，乾隆所咏"龙井八景"的过溪亭、一片云、风篁岭、龙泓涧、神运石、翠峰阁图上都有。

◎嘉庆皇帝的两首咏龙井茶诗和品茗图

清《杭州府志》首卷"宸章"之七是记载嘉庆皇帝临幸杭州的。其中也有两首咏龙井茶诗。一首是嘉庆的《烹龙井茶》：

> 我曾游西湖，寻幽至龙井。
>
> 径穿九里松，云起风篁岭。
>
> 新茶满山蹊，名泉同汲绠。
>
> 芬芳溢齿颊，长忆清虚境。

嘉慶廿二午新刊

陳眉公先生纂輯

繪圖萬寶全書

全書　宏道堂梓

程允升先生原本

新增幼學故事珠璣

三讓堂梓

是刻廣傳已久今特新訂不但爲士林急需即農工商賈亦無不禆益吳增典歟外茲以帝王紀各省學校土產六部律眼職方總略食祿字音須知交接稱呼物類別名應酬佳話性柔尺牘祭祀祝文各欵帖式編帖已多而藏事悉備覽者珍之

序

今天下而有不求人者哉伺候於公卿之門奔走於形勢之途奴顏婢膝比比皆是天下而有不求人者哉雖然孟夫子不云乎求之有道得之有命是求有益於我者也求在內也外此吾不忍爲此態也坊刻有不求人一書世事俱全各色咸備取而閱之大槩巳其何必求於人哉然於此猶當進求也含此則有命焉不可不知也故末附以都廷命也一說天下之人亦可以悟矣

乾隆四年春王月毛焕文增補識

■上左　初版于1740年左右的《绘图万宝全书》扉页
■上右　1783年出版的《新增幼学故事珠玑》扉页
■下　乾隆四年（1739）《绘图万宝全书》之"毛焕文序"

杭州老字号系列丛书·茶业篇

■上左 《绘图万宝全书·地舆卷二·七》之"杭州府·龙井茶"
■上右 《新增幼学故事珠玑·卷首五》之"杭州府·龙井茶"
■下图 《新增幼学故事珠玑》之"周松龄·序"

寒苑夏正长，远人寄佳茗。

窗前置铛炉，松明火不猛。

徐徐蟹眼生，隐见旗枪影。

芳味千里同，但觉心神境。

西崖步晚辉，恍若武林景。

■方士庶《临孙克弘人物图》

■清玉云《品茶图》

■上图 《制茶图》（铜版画）
■下左 清代铜版画"种茶图"
■下右 清代铜版画"炒茶图"，再现古代龙井茶的炒制

　　这首诗是嘉庆帝追忆游西湖龙井写的。从"徐徐蟹眼生，隐见旗枪影。芳味千里同，但觉心神境"，可见其时龙井茶已是扁形的旗枪。诗中对龙井茶的香味、形影刻画细致入微。

　　品茶同样是嘉庆皇帝生活中不可缺少的一部分。清代宫廷画家绘制的《嘉庆观花图》，描绘嘉庆皇帝正在临摹书法古画，四位童子摊纸、捧书，左边一

■清宫廷画《嘉庆观花图》。左边一童子端着茶碗，嘉庆帝观花不忘品茶。

童子双手端盘，盘中有一瓷碗，碗中应是龙井佳茶。这幅图和乾隆皇帝品茶图一样，都是"细茗置茶瓯"的盖碗茶，应也是明代陈师《禅寄笔谈》中"杭俗烹茶，用细茗置茶瓯，以沸汤点之，名为撮泡"的图解。

清《杭州府志》首卷之七"宸章"四十七中有嘉庆帝的《斗茶》诗。这首诗是嘉庆皇帝《题董浩良辰乐事画册》中的一首，诗曰：

> 阳坡春盎野人家，三老论心共品茶。
>
> 味淡香清分甲乙，雨前雷后辨新芽。

嘉庆帝对杭州的斗茶风俗颇为了解，并推崇"雨前龙井茶"。

◎清代龙井茶古画

英国印刷出版公司《大清帝国》中的《龙井制茶图》，再现了晚清龙井御茶的制作情景。图中有挑青茶的，有摊青的，还有一字儿排开的几个炉灶，由一人烧火。从图中看，似有四只茶灶，一人烧火，由四人辗转炒制龙井茶。还有一名身着官袍的大清官员和一茶农在交待什么。既然有官员督制，应是御茶无疑。

清代画家方士庶的《临孙克弘人物图》其实是一幅品茶图。图中老者端瓷碗品茶，童子扇炉煮水，用的正是木炭。此图是临明代古画，看来《龙井访茶记》中"烹瀹"之说，江浙明清就已有之。

清王云《品茶图》实际上也是"斗茶图"。嘉庆皇帝《斗茶》诗刚好可以为此图配文。唐、宋、元、明都绘有"斗茶图"，每幅图都绘制出当时的茶具、茶艺，演变到清代，茶具都已小巧精致，茶汤的制作非常艺术化，品饮也更实用。

英国印刷出版公司的《大清帝国》中的"钱塘江上茶船"，再现了清末收购龙井茶景象

杭州老字号系列丛书·茶业篇

茶业篇

HANGZHOU TEA 业 TRADE HISTORY

杭州翁隆盛茶號

上海分號

HANG CHOW
ONG LUNG SHENG TEA CO.
SHANGHAI BRANCH
388 NANKING ROAD
TEL. 97656

分號上海南京路二八八號

總號杭州中山中路壹百號

註冊商標

獅球

電話九七六六六

◎茶中至尊◎

叁

■茂记茶场主人高怡益开设的高义泰绸缎庄

茶 中 至 尊

◎极具商标意识、产地保护意识的茂记茶场

　　龙井地区特有的地形、土壤、小气候方能培育出优质龙井茶，这在晚清民国已被公认。一些商家意识到这一点，旗帜鲜明地打出"产地品牌"、"商标名牌"，成为今人研究龙井茶产地保护、品牌保护弥足珍贵的历史资料。这中间，茂记茶场是最突出的一家。

　　杭州茂记茶场的狮峰名茶二两茶罐包装纸，印制精美，中英文对照，22厘米×8.5厘米。其右上角为红底镂空白字"浙杭西湖龙井狮子峰茂记茶场"，左上角有茶场老板高怡益的头像，中为"狮子商标图"。产地、品牌、商标、茶场名称一目了然，标志清楚。印上老板头像，商家以信誉担保茶叶的产地和质量，以诚取信。左下角粉底黑字为："吾杭西湖各山产茶甚广，色香味向推龙井，尤以龙井之狮子峰所产为无上上品。其次为龙井本山，又其次为云栖、虎跑。故西湖茶有狮、龙、云、虎之别，此外冒充龙井者更无论矣。本场振兴实业不惜工本，特于狮子峰购山千余亩，栽壅炒制，悉心研究。发行以来，遐迩争购，货真价实，童叟无欺，装潢精雅，携带尤便。凡蒙各界赐顾，请认明狮牌商标，庶不致误。"右下角为英文说明，中英对照，把西湖龙井因产地不同

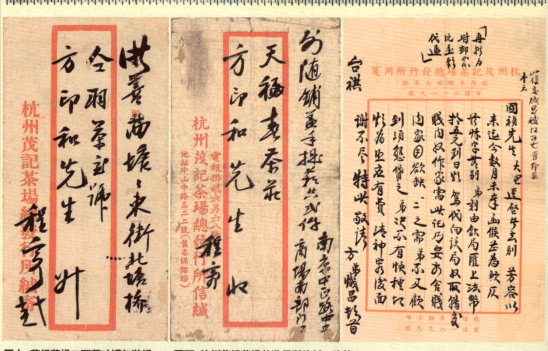

■上 茂记茶场二两茶叶罐包装纸　　■下 杭州茂记茶场总发行所信封、信笺

而导致质量差异，表达得明明白白。

　　茂记茶场的主人高怡益即高义泰绸缎布庄老板。民国时，高义泰是杭州最大的绸缎布庄，以经营杭州另一宗商品绸缎出名，信誉卓著，再投资建茶场，经销货真价实的狮峰龙井茶。

　　民国十六年（1927）的《西湖游览指南》上还刊有"杭州乾泰茶庄"之广

■刊登龙井茶专辑的1930年第14期《文华》画报封面　　　■《良友》杂志封面

告，中有："本庄主人向在狮子峰之阳，龙井寺天马峰腰购地千亩垦种龙井莲心，雨前芽茶，建造茶舍，慎重卫生，研求采制，出品精良……"龙井茶最佳产地狮子峰产狮峰茶，已被财大气粗的高义泰老板高怡益抢拔头筹，乾泰茶庄退而购得龙井寺一带千亩地，生产第二档龙井茶也不错。

◎《文华》和《良友》画报刊登的龙井茶老照片

由于中国近代战乱频繁，运动不断，许多有价值的资料被焚毁，迄今为止，有关民国时期茶业的老照片披露甚微，笔者费时十载，耗重金千方寻觅，沙里淘金，史海钩沉，获得不少有价值的茶业文化遗存。在数千本民国老画报中，终于寻觅到一些采茶老照片。说来也奇，其他茶叶没有发现，仅有龙井茶，这也说明西湖龙井茶名气之大。

杭州老字号系列丛书·茶业篇

■采茶

■揉搓

■焙炒

■拣剔

■龙井茶场

■上左 摩登采茶女（1929）　　■上右 采茶童（20世纪30年代）　　■下 采龙井茶（20世纪30年代）

■上 采龙井茶（20世纪30年代）　　■中左 炒龙井茶（20世纪30年代）　　■中右 火门筛，龙井茶炒好后，趁热筛，称之为"火门筛"（20世纪30年代）　　■下左 称茶。每天中午和傍晚，茶行两次上山将采摘的茶叶过秤（20世纪30年代）　　■下右 炒龙井茶的炉灶，一般烧松毛（20世纪30年代）

杭州老字号系列丛书·茶业篇

◎强烈的商标意识

晚清农商部就颁布有商标法。1930年5月6日，国民政府制定公布了《商标法》。《商标法》于1935年11月23日第一次修正，1940年10月19日第二次修正。凡是知名龙井茶庄，都将自己的商标鲜明地标于各种广告、包装、茶盒及建筑物上，为20世纪七八十年代龙井茶文化一大亮色。

◎杭州翁隆盛茶庄的狮球商标、方正大茶庄的大鹏商标

杭州翁隆盛茶庄茶叶罐和包装纸，在显要位置标出其狮球商标。有"只此一

■杭州方正大茶号茶叶罐，清楚标明"大鹏红日"商标

■浙省方正大茶庄大鹏商标广告

■上 浙杭翁隆盛茶号茶叶罐。标明注册"狮球商标","只此一家，并无支店"！以"西湖三潭印月"入画
■下 翁隆盛茶号茶叶罐

■翁隆盛茶号茶叶罐　　　　　　　　　　■翁隆盛茶号狮峰龙井茶

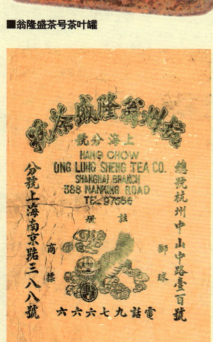

■杭州翁隆盛茶号上海分号广告，狮球商标、总号、分号地址均有标明

家，并无支店"字样，并以西湖小瀛洲入画，是早期翁隆盛的产品。此茶罐还有说明："本号开设浙杭，自雍正七年（1729）创始迄今两百余载，中外驰名。拣选狮峰龙井、莲心旗枪、极品名茶、法制藏沽，色味俱佳，咸称迈众。并赴外省采办红绿名茶、祁门乌龙、九曲寿眉、六安香片、洞庭碧螺、云南普洱、双窨珠兰、三薰茉莉、黄白菊花、玫瑰玳玳、西湖藕粉、黄山葛精。装潢雅致，馈礼攸宜，照山发兑，定价划一。如蒙惠顾，请认明清河坊大马路本号，招牌狮球商标，庶不致误，外埠函购，原班回件。"

■杭州方立大茶庄茶叶外销茶罐。茶叶罐双狮地球商标醒目　　■杭州方立大茶庄茶叶罐

■杭州方立大茶号壹分、贰分、伍分代用币

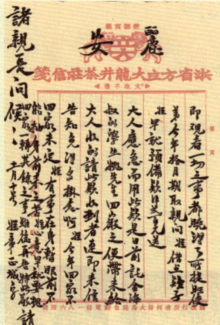

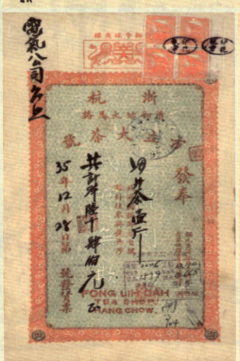

■上　浙省方立大龙井茶庄信笺
■下左　1946年浙杭方立大茶号销龙井茶发票　　■下右　1947年贴满税票的杭州方立大茶号销货发票

◎双狮商标的杭州方立大茶号

　　以双狮商标销售西湖龙井茶的杭州方立大茶庄在其茶叶罐、发票、信笺上都标有"双狮商标"。非常有特色的是，方立大茶号在20世纪30年代还印刷发行了一套壹分、贰分、伍分的代用币,代用币以杭州西湖博览会桥入画，将西湖美景融入西湖龙井茶之中。

◎ "福"字商标的方福泰茶庄

　　杭州方福泰茶庄采用极富特色的"福"字商标，包装纸以"采茶图"入

■杭州方福泰茶庄茶罐，以"平湖秋月"入画，有醒目的"福"字商标

画。方福泰茶庄茶罐以杭州"平湖秋月"入画，在销售龙井茶的同时，也将西湖美景推向中外。

此外，还有"多子商标"的浙省吴元大茶庄和"茶叶商标"同大元茶号。

◎1934年《杭州民国日报》之龙井茶旧影

在江南颇有影响的《杭州民国日报》在1934年专门拍摄刊登六幅题为"九溪十八涧采茶女"、"采茶女"、"九溪十八涧之茶摊"、"晒制红茶"、"采茶工具"、"九溪十八涧茶园"的照片，无疑诠释了《东方杂志》对龙井茶的调查，也为我们留下了难得一见的龙井茶老照片。

■上海三友实业社之"邮购指南"，有"发行△纯粹龙井茶意义"一文。

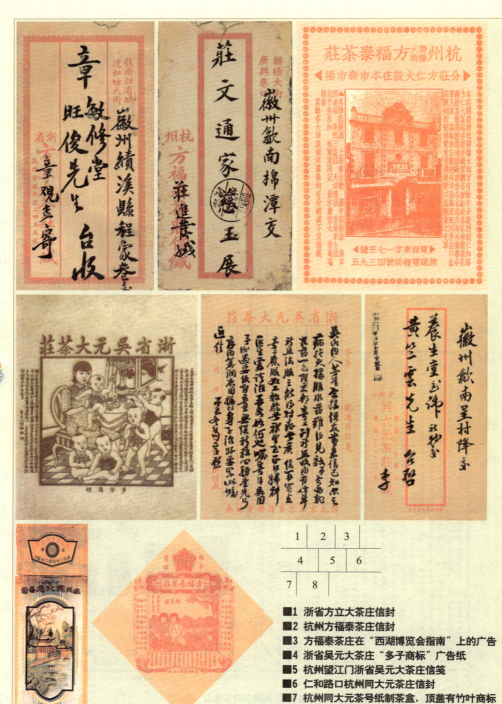

■1 浙省方立大茶庄信封
■2 杭州方福泰茶庄信封
■3 方福泰茶庄在"西湖博览会指南"上的广告
■4 浙省吴元大茶庄"多子商标"广告纸
■5 杭州望江门浙省吴元大茶庄信笺
■6 仁和路口杭州同大元茶庄信封
■7 杭州同大元茶号纸制茶盒，顶盖有竹叶商标
■8 方福泰茶庄茶叶包装纸

■浙江省方仁大茶号广告

上海三友实业社于1927年租赁了杭州拱宸桥的统益公机器纺织厂，成立三友实业社杭州分厂，即今杭一棉前身。杭州西湖博览会前后以生产销售三角牌西湖毛巾打破了日本毛巾独占市场的局面，风靡一时，在东南亚颇有影响。这则《邮购指南》说明三友实业社也涉足龙井茶，制造销售三角牌龙井茶，三友实业社的其他龙井茶文化遗存尚未发现。

◎中国最古老的茶庄——翁隆顺、翁隆盛

龙井茶为茶之至尊，还因为她有中国最古老的茶庄。

笔者珍藏的"杭州老龙井翁隆顺茶庄老号"彩色茶盒包装纸。包装纸两侧红色边饰中有"茗贵称龙井，泉清让虎跑"字样，称誉龙井茶、虎跑水。包装纸有一幅翁隆顺茶庄位置图，图四周有边饰，四角为"真老龙井"四字。图的上方标有天马山、棋盘山、老龙井山、狮子山，群山下店屋则为翁隆顺茶庄。茶庄门前有路直通翁家山，路前有井。按图索骥，即可找到翁隆顺。还有一幅

■上　贮藏龙井茶的石灰坛（20世纪30年代）　■下　九溪十八涧的采茶女（1934）

■上　采茶女（1934）　　■下　九溪十八涧之茶摊（1934）

■上 九溪十八涧茶园（20世纪30年代）
■下 采茶工具（小篮采细茶，大篮采粗茶，畚箕堆存茶叶，竹匾晾晒茶叶）

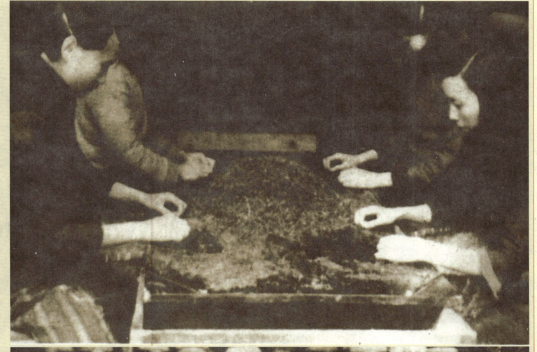

■上 拣茶，将枝梗拣去（20世纪30年代）　　■下 制红茶，杭州茶庄也做红茶，经过发酵后的红茶放在日光下曝晒，到七八成干，再烘干，茶叶烘焙时不时翻动（20世纪30年代）

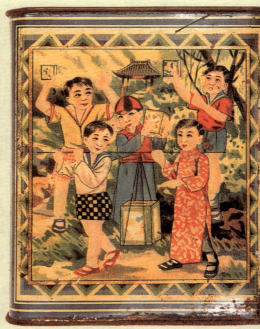

■杭州吴元大茶庄"多子商标"茶叶罐

杭州老龙井翁隆顺茶庄老号说明，两侧有"瓶篓装就，概不退换"八字。说明如下：我国素以茶著，行销中外，每年不知凡几。而西湖老龙井之茶，尤为适口，清心解渴。中外人士来杭游湖者，莫不争购。惟市上所售者，多伪货欺人。敝号设铺于老龙井已历七百余年。特采就地狮峰芽茶、龙井春前、明前莲心、雨前龙井红梅。杭白贡菊，顶谷桑芽，自择选制。以冀精益求精，尽善尽美，庶几名副其实。惠顾诸君，请认明老龙井商标为记，庶免鱼目混珠。本号开设杭州西湖老龙井，坐西朝东门面便是。自动电话第二六三四号。"

民国二十二年（1933）《杭州市经济调查》有"翁隆顺"的记载："行名：翁隆顺；地址：西湖翁家山；经理：翁顺昌；籍贯：杭州；开设年月：世居；组合性质：独资。"1946年的《浙江工商年鉴》及《东方杂志》等刊物也有翁隆顺茶号的记载。因此，按记载，翁隆顺茶号所称"设铺已历七百余年"，应是可信的。翁隆顺在清末民初，就打出"已历七百余年"历史悠久的

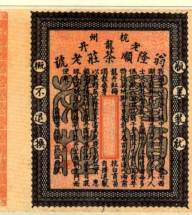

THE FINEST QUALITY CHINA TEA

TRADE MARK

ONG LUNG SHENG TEA CO

HANGCHOW SHANGHAI CHINA.

■上 杭州老龙井翁隆顺茶庄老字号茶盒包装纸
■下 杭州翁隆盛茶号的茶叶罐，罐上有鲜明的狮球商标，以并及中英文对照的"翁隆盛茶号"字样。

旗号，而为行业公认，也说明元末明初龙井一带已有不少龙井茶庄。

据此，翁隆顺应是有资料、有实物可查的最古老的龙井老字号茶庄，也是迄今为止有记载的中国最古老的茶号。

创建于雍正年间的杭州翁隆盛茶庄，也是杭州乃至全国最古老的茶庄之一。店设杭州清河坊，1933年时有店员52人，是当时杭州人数最多的茶庄。

1929年《杭州西湖博览会游览指南》"翁隆盛茶庄广告"的上方为茶庄名，中为翁隆盛自建五层洋房图，正中墙面为商号狮球商标图。两侧广告词

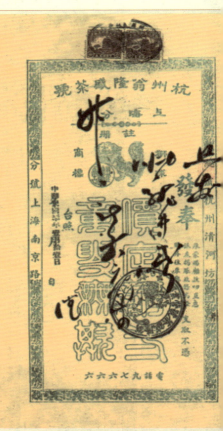

■上左 翁隆盛茶庄广告，说明创自雍正年间，是中国最古老的茶号之一 ■上右 杭州翁隆盛茶号上海分号发票，发票和图章均有狮球商标 ■下左 杭州翁隆盛茶号上海分号发票 ■下右 翁隆盛茶号的广告

云："本号开设浙杭，创自雍正，迄今二百余载，自建五层楼房。拣选狮峰龙井、莲心旗枪、武夷红梅、六安香片、洞庭碧螺、云南普洱、双窨珠兰、三薰茉莉、黄白菊花、玫瑰玳玳，门售批发，定价划一。如蒙赐顾，请认明狮球商标，庶不致误。"说明翁隆盛创自雍正年间，是一家专营龙井茶并兼营全国名茶的老字号茶庄。翁隆盛茶庄（号）有许多文化遗存，体现出强烈的市场意识。

■清嘉庆古画《品茶的艺人》

◎中外博览会上频频获奖的西湖龙井茶

1851年在伦敦举办的第一届世博会脱胎于欧洲中世纪的商业市集。从市集到现代博览会，人类将单一的商品买卖扩展成了以文明展示为主题的伟大盛会。第一届世博会，中国参展的就有浙江的丝绸和茶叶。世博会对中国参展品都有评语，对"中国茶"的评语译成中文有八百余字，写有各种参展中国茶的品质、口味和这些茶叶在中英市场的价格。其中有一段照录如下："就口感而言，没有比一种叫"官僚茶"的更好了。这种茶仅经过短时的烘烤，在最佳条件下略显潮湿，因此经不起运输和保存。在中国的富有人家，这种茶需求量很大，在当地市场上卖到20先令一包。"

在伦敦首届世博会上得金银牌各一枚的徐荣村，在"得奖感言"中说：（浙江）"一丝一茶，必居上品"。说明浙江曾送"极品龙井御茶"参展。外

■杭州龙井茶庄在1915年巴拿马赛会获得之奖牌

■1915年农商部国货展览会奖牌

　　国人理解"御茶"，当然是"官僚茶"了。对比国内各茶种的制作口感，有理由认为，评语中所称最佳之"官僚茶"，应是"龙井贡茶"。

　　从1851年首届伦敦世博会起，在1873年的维也纳世博会、1876年的费城世博会、1900年的巴黎世博会、1905年的比利时列日世博会、1926年的费城世博会上，中国茶叶，特别是龙井茶，都是中国参展的当家商品。通过竞争，龙井茶频频获奖而名扬天下。1904年美国圣路易斯世博会，上海茶瓷公司参展的各种上等茶叶获得金牌，西湖龙井茶也在其中，引起美国白兰克公司的极大兴趣。白兰克公司不仅全部收购上海茶瓷公司在会场零售剩余的茶叶，还当场与

■1926年美国费城世博会奖状

其订立销茶合同。白兰克公司成为上海茶瓷公司在美国各州的总代理，促进了包括西湖龙井茶在内的中国名茶的生产和销售。

宣统二年四月二十八日（1910年6月5日），在江宁（南京）城北"江宁公园"举办的南洋劝业会，是中国近代会展的一次成功演练。会场占地1000亩，周围约7里。有教育、工艺、农业、美术、卫生、武备、机械、通运、京畿、劝工等馆、所、厅15座，还有公议厅，审查、评议展品,评选奖项；设置南馆，专门陈列南洋华侨出品物；有三座参考馆陈列外国出品物，供人观摩。直隶、

■上 南洋劝业会开幕式户外场景，人头攒动，俱是清代装束
■下 南洋劝业会农业馆，其中展出有龙井茶

■清宣统二年（1910），南洋劝业会镀金褒奖章，原大直径7.2厘米

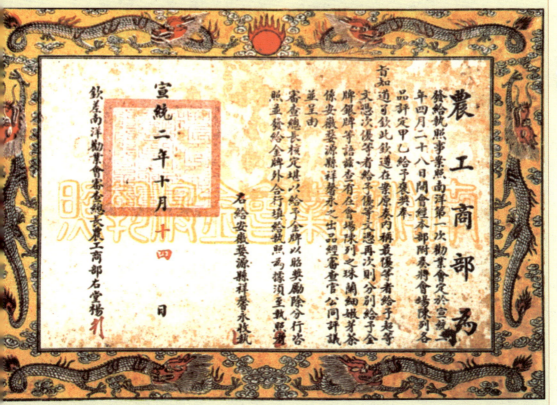

■南洋劝业会金牌奖状

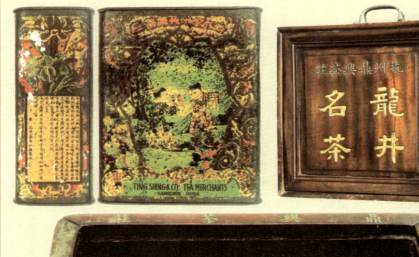

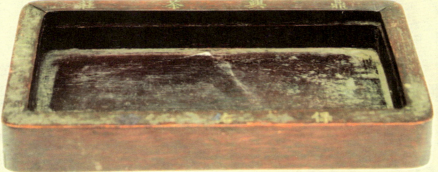

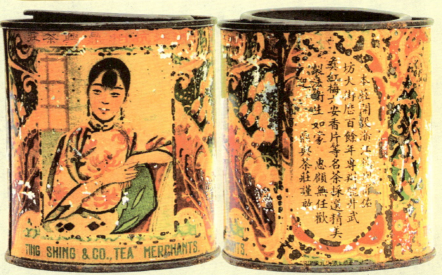

■上左 浙江杭州鼎兴茶庄外销茶叶罐，此茶叶罐所有文字均中英文对照 ■上右 杭州鼎兴茶庄龙井名茶外销茶箱，长26厘米×高26厘米×宽20厘米 ■中 杭州保佑坊鼎兴茶庄红木小茶盘 ■下 浙江杭州鼎兴茶庄茶叶罐，罐上有"南洋劝业会得邀奏奖头等商勋名誉"字样

杭州老字号系列丛书·茶业篇

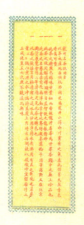

■浙江杭州鼎兴茶庄包装广告

东三省、山陕、四川、湖南、湖北、广
东、河南、山东、云贵、浙江、福建、
安徽、江西各省还分别设馆展示本省特
产。浙江馆中展出有多家茶庄之西湖龙
井茶。清末浙江文人汪漱岩在其《南洋
劝业会杂咏》诗集中，有咏叹南洋劝业
会各种场馆中展品颂诗137首，其中《龙
井茶》诗云：

> 虎跑泉香客梦赊，
>
> 六安春信滞初芽。
>
> 瓶笙声里思乡病，
>
> 消渴还烹龙井茶。

南洋劝业会上有八家茶庄送展茗茶获一等大奖，其中浙江省杭州府鼎兴茶

■1929年西湖博览会农业馆（今浙江博物馆）

■1929年西湖博览会农业馆

■1929年西湖博览会在西泠桥畔的商场，龙井茶旺销

■1929年西湖博览会之"农民茶馆"

庄参展的龙井贡茶也获一等大奖殊荣。

1915年的巴拿马世博会、1926年的费城世博会上，中国的展品有生丝、茶叶、绸缎、瓷器、漆器等传统商品，向世人展示了中华民族特色。1915年巴拿马世博会上，中国驻旧金山领事钱文选先生担任赛会审查委员会委员，"确以热诚之竞争，恢复国产之名誉。其成绩卓著，洵未便令其湮没不彰"（1915年7月上海《神州日报》）。他与日本代表据理力争，后经反复审查，浙江杭州龙井贡茶和安徽、福建、江苏、江西、湖北、湖南七省获得巴拿马赛会茶叶大奖。1926年费城世博会上，中国的茶叶以无可挑剔的色、香、味、形获得多项大奖。其中获大奖之茶叶商家有上海的华茶公司、汪裕泰、忠信昌、鸿怡泰、项源泰、万成、瑞兰等七家，江苏的吴世美、润昌、汪巨川、陈泰和、杨春隆、查镜如等六家，浙江的方正大、翁隆盛、大成、乾泰、亨大、仁泰、德兴祥、茂记、万泰元、万康元等十家，还有安徽的王瓯春、江西的恒春、福建的建春等三家。从获奖商家的产地看，江、浙、沪居绝大多数，而参展获奖茶叶主要是龙井贡茶。

◎在晚清南洋劝业会获头等商勋的杭州鼎兴茶庄

浙江省杭州鼎兴茶庄参加了晚清南洋劝业会的龙井贡茶评比，并获头等大奖殊荣，鼎兴茶庄在各种广告、茶叶罐上对比广为宣传。

浙江杭州鼎兴茶庄广告。原大45.5厘米×25厘米，中英文对照，突出其宝鼎商标。一侧有《龙井名茶说明书》，一侧是其悠久历史及产品宣传，都有鼎兴茶庄"南洋劝业会比赛得邀奏奖头等商勋，又在北京国贸展览会得二等奖凭"之语。

◎以西湖龙井茶频频获奖的汪裕泰茶庄

雷峰塔白云庵东，也即今杭州西子宾馆所在地，昔日曾有一处精致美丽的园林

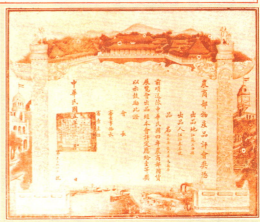

各茶价目

狮子峰茶	旗鎗茶	龙井茶	明前茶	雨前茶

比国独立百周纪念博览会最优等奖凭

■上左 1915年江苏省地方物品展览会汪裕泰茶号获奖证书 ■上右 1941年，汪裕泰茶号之龙井茶等产品获上海总商会陈列所第一次展览会最优等奖状 ■中左 汪裕泰茶号1915年巴拿马赛会龙井茶获奖证状 ■中右 1916年汪裕泰茶庄之龙井茶获得农商部物产品评会奖状 ■下左 汪裕泰茶号在比利时独立100周年纪念博览会获最优等奖状 ■下右 汪裕泰茶号龙井茶价目表

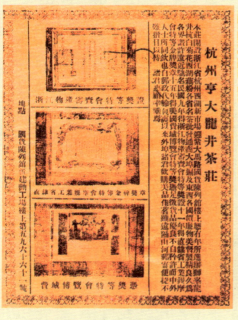
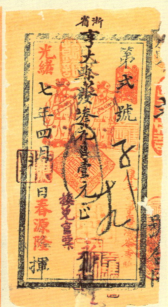

■上左 上海汪裕泰茶号翡翠牌西湖明前茶茶罐　　■上中 上海汪裕泰茶号茶罐
■上右 杭州亨大茶庄茶叶罐，此茶叶罐所有文字均中英文对照，系外销茶叶罐
■下左 光绪七年（1881），春源隆钱庄为浙省亨大茶庄开具的钱庄票
■下中 杭州亨大龙井茶庄广告，曾获费城博览会特等奖凭　　■下右 1946年杭州亨大茶庄发票

别墅，是徽州汪姓茶商所有，故名汪庄。汪庄同时又是驰名中外的老字号茶庄汪裕
泰经营西湖龙井茶的地方。汪裕泰茶号以其龙井茶参加名种中外赛会频频获奖。

■汪庄（20世纪80年代）

■汪庄内景（20世纪30年代）

■汪庄牌坊

■1929年西湖博览会出品章，参展商家可获此章

◎获得1926年美国费城特等奖凭的杭州亨大茶庄

位于杭州新市场迎紫大马路（今平海路）的杭州亨大茶庄，也是杭州知名大茶庄。清光绪七年（1881）春源隆钱庄为浙省亨大钱庄开具的钱庄票，上面盖了十几颗签印的钱庄票，不仅是杭州茶庄难得一见的宝物，在杭州钱庄史上也非常鲜见，说明亨大茶庄的历史久远。

◎大连源盛德茶庄在杭州西湖博览会获奖

1929年6月至10月的杭州西湖博览会盛极一时，吸引了中外无数达官贵人、商贾仕女前来观看。更有全国许多商家参展，杭州老百姓像过节一样欢欣。不仅杭州有许多茶庄在西湖博览会获奖，许多外地茶商在杭州设厂，也以其生产之龙井茶参展，也获多种奖项，辽宁大连源盛德茶店是其中佼佼者。

在西博会上还有"农民茶馆"，无数游客在此品茗茶农自产的龙井茶。

大连源盛德茶店早期的茶叶罐上除有"嘉禾伴德"商标和美女品茗图外，一侧有其四家支店地址，还有制造厂，首为杭州候潮门外。一侧是其民国四年（1915）北京博览会获金奖、江苏物产品评会获头等金牌奖、大连劝业博览会获壹等金牌奖的宣传。大连源盛德茶店以杭州西湖"平湖秋月"和"西泠桥畔"入画的茶叶罐上，平湖秋月图两端还有其西博会所获"西湖博览会出品章"。一侧是其七家支店地址电话，制造厂首为杭州江干；一侧是其获奖栏，有民国四年北京博览会、江苏物产品评会、大连劝业博览会、杭州西湖博览会、南洋首次博览会，均获超等金牌奖。

东北的茶商经营茶叶有如此商勋成就，大连源盛德是最著名的一家，这也从一个侧面说明"茶为国饮"，足见历史悠久，源远流长。

■大连源盛德茶店茶叶罐

杭州老字号系列丛书·茶业篇

茶业篇

HANGZHOU TEA 业 TRADE HISTORY

◎杭州茶行◎

■杭州宏安茶行（20世纪30年代）

杭州老字号系列丛书·茶业篇

清代民国时期，杭州茶行茶庄林立，天下茶商云集；城内茶馆茶店数百家，遍布全城；钱塘江畔满载着安徽、江西茶叶的帆船首尾相衔，顺流而下，无比壮观；城内中河、东河，城外大运河的茶船，将茶叶运注苏州、上海，把江苏的名茶载来杭州；沪杭铁路、公路，杭徽公路开通后，满载茶包的火车、汽车将皖、赣茶运来杭州，运注上海……世人遂呼"杭为茶都"。

◎杭州茶行、茶庄知多少

康乾以降，杭城茶行、茶庄达数百家。它们经营本山龙井，浙江省平水茶，皖、赣、苏茶，经杭州销往全国，销往世界；还有全国各地茶商在杭设厂，"亲往名山，采办龙井贡茶"。更有杭州茶庄在京、津、沪、粤等地开庄设店，直销龙井名茶。

茶叶业是晚清民国时期杭州最主要的产业。据1931年《杭州市经济调查》记载，杭州经营茶叶业者可分为茶叶行和茶叶店两种。茶叶行系茶户与茶客居间者。据1931年统计，杭州共有同春兴记、永大、公顺、裕泰、全泰昌、庄源润、隆记兴、源记、保泰、沈荣桢、戚龙章、翁启龙、鼎丰、翁月龙、吴钦

■清末的茶行

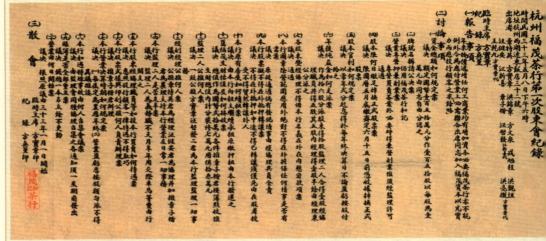

■1944年5月8日杭州福茂茶行第一次股东会记录

记、应公兴16家茶行。上列茶行分两组，一组为环西湖诸山茶行，共7家，世居本山，专营本山茶叶；另一组在候潮门外，共9家茶行，专营皖、赣及钱江上游各县茶叶。茶叶店又有庄、号之分。茶庄系门售而兼批发者，1933年杭州共有翁隆盛、鼎兴元记（即南洋劝业会获大奖者）、方正大、方福泰、吴元大、吴兴大、吴恒有和记、茂记茶场等9家。茶号系专营门售者，全市有亨大、乾泰、春茂等52家，两种共61家，共有店员、学徒494人。

晚清民国杭州的老字号茶庄，在民族深重灾难中惨淡经营，支撑中国茶业，繁荣市场，是浙江商人闯荡国内外市场的先驱者。杭州老字号茶庄尚存有大量五彩缤纷的文化遗存，是弘扬杭州"文化名城"的实物资料，也是研究杭州老字号丰厚的文化积淀。

1937年《杭州公司行号年刊》载，杭州茶漆业共有119家，其行号、茶行经理、地址、电话：

全泰昌，方冠三，候潮门外直街六九号，南二九；**永春**，翁少安，太平坊五号，一八一五；**吴恒有**，吴达甫，水师前一九号，二七三五；**鼎兴**，周彭年，保佑坊八五号，三六二〇；**翁隆盛**，凌甫，清河坊六〇号，一一一〇；**源记**，莫五臣，候潮门外直街八五号，南一四八；**周恒升**，张定之，保佑坊三三号；**方恒泰**，方达甫，清朝寺牌楼六七号；**同春兴**，吴达甫，候潮门直街一〇三号，南三二；**庄源润**，章慕周，候潮门直街二二号，南三一；**茂记**，陈延龄，仙林桥直街六〇号，二一一九；**保泰**，方开基，候潮门外直街八六号，南三三；**福顺**，汪秉均，候潮门外直街一三八号，南八五；**方正大**，方舜琴，羊坝头一二号，一七四七；**吴兴大**，吴唐卿，忠清街一八号，二二八〇；**方福泰**，汪荫轩，联桥大街，二一七五；**方立大**，方茂如，清河坊五〇号，一八六四；**义泰**，章晋卿，候潮门外直街一三九号；**中兴**，洪叔度，候潮门外直街一三九号；**周恒源**，周如，羊坝头一号；**周诚泰**，周子颖，清河坊四四号；**大中华**，吴志青，官巷口四六号；**吴元大**，凌志廉，望江门直街四号；**亨大**，周尔昌，陈列馆楼上；**德盛**，吴凤仪，羊市桥一五号；**方仁大**，方伯平，仁和路；**怡和**，周步丹，仁和路一一七号；**永馨**，汪云扬，官巷口四一号；**汪立大**，吴德馀，三元坊五三号；**汪同裕**，汪峻枯，清泰路四〇四号；**乾坤和**，汪大学，清泰路二七四号；**源顺昌**，姚荣甫，同春坊一〇六号；**易大**，胡庆云，清泰路一九一号；**吴德新**，吴祯祥，东街路一〇二五号；**朱庆和**，朱仲卿，菜市桥一〇四号；**大兴**，余守孝，庆春路二二三号；**吴德兴**，吴祯祥，庆春路二〇二号；**王乾大**，吴志方，艮山门外河上；**盛大**，吴庆云，南星桥七八号；**润馀**，许衡卿，海月桥河下七七号；**福生泰**，汪燮光，闸口塘上三八号；**森泰**，范颂卿，闸口塘上三号；**德茂永**，胡质庭，茶亭庙二一号；**吴永泰**，吴以发，茶亭庙二七号；**可大**，朱玉奎，卖鱼桥；**吴德昌**，吴耀庭，茶亭庙三号；**三友**，沈友声，延龄路一六一号；**汪万丰**，汪万安，华光桥六一号；**汪永昌**，汪大琦，康家桥一一号；**永隆**，汪汉文，紫荆桥一一五号；**大丰**，郑景德，拱宸桥一三六号；**萃泰**，沈浦泉，大同街一一三号；**吴振大**，吴承煦，清泰路；**同大元**，吴佩仁，仁和路七五号；**福茂**，章特英，甘露茶亭一五号；**成大**，吴光鉴，警署街四五号；**龙井寺茶场**，永畅，龙井寺内；**老志大**，吴晓春，上板儿巷五二号；**鼎丰**，戚元甫，龙井一三号；**隆兴荣记**，闻嘉荣，净慈路一九号；**吴同**

■方正大茶庄茶叶罐，高大洋楼是其品牌　　　■杭州方正大茶庄广告

大，吴承泽，羊市街井弄四号；**吴大隆**，吴克明，候潮门外八二号；**乾泰**，杨伯棠，天马山二号；**吴源隆**，吴开荣，艮山门外吊桥；**凌荣记**，凌荣祥，丰禾巷一三号；**汪裕泰**，汪惕予，西湖汪庄；翁启隆，翁念滋，翁家山五五号；**复兴**，陈光祖，体育场街一四七号；**荣大**，范有贵，竹斋街一七〇号；**虎林**，吴志方，艮山门外一五号；**永芳**，方秀山，美政桥里街三七号；**立大源**，邵恒叙，瓦灰弄三四号；**瑞泰**，吴瑞来，扇子巷七三号；**九和**，汪炳荣，扇子巷二〇号；**梅溪农产社**，孟尧堂，黄龙洞；**吴永大**，吴叙荣，东街路九六八号；**德源**，凌仕英，扇子巷八二号；**森大**，凌志方，清泰门外五八号；**永兴**，许文鉴，定香桥边；**瑞泉**，程炳阳，江干海月桥塘上，一四二号；**立大成**，洪永昭，道院巷五九号；**吴裕和**，吴进财，清泰路七八号；**怡大**，殷梦梅，清泰门外天王桥；**漪园**，徐贤，白云庵；**天得泰**，张华村，六克巷五号；**振兴茂**，江峰青，小井口四六号；**吴可立**，吴善可，彭家埠八二号；**吴德新分号**，范叙

■左 1934年《铁道部经济丛书·杭州市县经济调查报告书》　　■中 1946年《浙江工商年鉴》
■右 杭州福茂茶行信封

泰，东街路九四号；**方启泰**，方德启，里仁坊巷一一号；**东南**，吴金贵，府桥八号；**汪裕大**，汪宜斋，丰家兜八号；**德大**，吴春松，天官弄一三三号；**志大**，方慷山，珠儿潭一五号；**公大**，姚兆鸿，楚妃巷二四号；**翁隆顺景记**，翁景昌，**翁家山**；翁龙盛，翁麟益，翁家山；**洪泰**，洪声斋，笕桥一五三号；**吴久大**，吴仰黎，贯桥二号；**吴德泰**，吴汉庭，下仓桥一六号；**吴德茂**，吴水茂，笕桥一五二号；**元太和**，方子彬，西湖郭庄；**九龙**，应国桢，杨梅岭；**方华兴**，方瑞荣，枝头巷七号；**翁隆顺**，翁纯昌，翁家山；**翁顺泰**，翁允中，翁家山；**利华**，申屠亮，中板儿巷二四五号；**同春和**，楼凤鸣，武林门三四号；洪永泰，洪子荫，凤山门三一号。

　　位于杭州太庙巷四十四号的宏安茶行旧影。宏安茶行的经理为许允明，不知门前的女子和小孩与许允明有无亲属关系。福茂茶行信封和1944年5月8日杭州福茂茶行第一次股东会记录。 杭州的福茂茶行有两家，一为福茂和正记，经理童子楷，在佑圣观路长寿弄4号；一为福茂岩记，经理章特英，在湖墅甘露茶亭18号。

　　1946年《浙江工商年鉴》载，杭州市茶行共有75家，主营茶叶批发及出运转销。茶行、经理、地址为：

117

■方正大茶庄"客庄号总"中对香港永通、香港广茂隆的销售记载

天益，吴琴轩，佑圣观路六十三号；福茂和正记，章子楷，佑圣观路长寿弄四号；盛大，吴光荣，佑圣观路四十号；春和兴记，曹笑之，佑圣观路二号；联义，朱维斌，横吉祥巷十二号；德泰，黄金开，横吉祥巷十号；发记，胡瑞熹，直吉祥巷六十一号；德大鑫金大鑫，竹斋街百岁坊巷三十二号；同和泰，吴叶枝，百岁坊巷十九号；万生，张纪生，河坊街二十八号；同顺泰，郑德秋，河坊街六十号；同和协泰记，吴凯威，信余里十二号；万茂，葛明烨，信余里；骏记，李惟善，信余里七号；老同泰，袁景柱，信余里十四号；春记，梅春洪，信余里十五号；华东，陈梦忠，河坊街信余里十七号；泰丰祥，吕金泉，周叶文弄九号；福大，庄福庆，信余里二十七号；公顺，王辅明，信余里二十八号；元大，陈以元，三圣桥河下五号；永昌，何升林，铁佛寺桥河下四号；广兴，吴筱庄，靴儿河下四十号；钜丰，方德泉，靴儿河下三十六号；谊昌，王茂彬，望仙桥河下三十九号；大有浦记，戴子源，打铜巷三十七号；林昌，洪叔度，柳翠井巷三号；成大，吴庆云，扇子巷十四号；公盛，王声，扇子巷二十号；同泰祥茶叶公司杭州办事处，吴明辉，扇子巷二十号；协丰祥，潘克家，扇子巷一四七号；广茂隆，严芝庭，扇子巷一五二号；悦大，

杭州老字号系列丛书·茶业篇

■杭州方正大茶庄账册"东兴源报关行代运客货"，记载销给香港德安和香港广茂隆，香港利川，香港陈富源茶庄，及销给天津、福州等地龙井茶

胡稼生，缸儿巷六十二号；**朱坤记**，朱一坤，中山中路五〇九号；**合兴**，吴顺生，青年路见仁里五十号；**和丰协记**，谢子卿，羊坝头巷五十七号；**人和永**，汪秉均，后市街八十七号；**鼎丰**，戚元甫，后市街二十号；**瑞和**，赵明瑞，竹斋街十二号；**振兴福记**，江峰青，竹斋街二十六号；**协记兴**，潘性存，竹斋街四十三号；**悦昌**，樊叔良，竹斋街三〇号；**大中国茶叶公司杭州办事处**，黎醒民，大井巷五十四号；**春茂协记**，郑志新，竹斋街一三四号；**连记鸿**，缪俊时，竹斋街二六六号；**恒丰**，黄乃忠，竹斋街二七三号；**恒源森记**，黄云霖，西太平巷十九号；**协大和记**，郑吉甫，桂林里六号；**元康**，郑洪奎，劳动路一四八号；**隆泰洽记**，何润卿，劳动路庆和弄二十七号；**悦来盛记**，莫柏祥，里龙舌嘴八十一号；**泰昌裕记**，缪泽铨，里龙舌嘴九十五号；**聚源协记**，史奎英，里龙舌嘴一〇七号；**大德昌茶叶股份有限公司杭州分公司**，张敬渊，陆官巷二十七号；**协和元记**，缪辅元，清波门直街二十六号；**新记**，翁新观，清波门直街六十四号；**翁月龙**，翁子才，蔡官巷八号；**大业成记**，詹秋成，劳动路三十九号；**翁隆泰**，翁健炳，膺白路十九号；**翁启泰**，翁荣耀，翁家山五十六

119

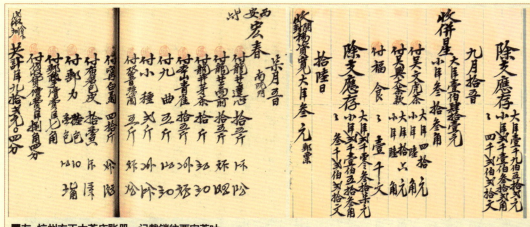

■左 杭州方正大茶庄账册，记载销往西安茶叶
■右 杭州方正大茶庄账册，有"付吴文虎茶"字样，吴文虎是香港巨商

号；**翁启隆**，翁念滋，翁家山五十五号；**新裕炎记**，汪炎顺，望仙桥直街十六号；**大兴仁记**，潘子川，望仙桥牛羊司巷三七号；**大隆**，方锦文，金钗袋巷口；**宝隆**，潘鼎懋，小狮子巷六号；**泉记**，陈雪泉，西牌楼四眼井七号；**兴华制茶公司杭州办事处**，倪性安，金刚寺巷三十二号；**同泰**，江超然，十五奎巷五十六号；**公茂信记**，徐信孚，城隍牌楼巷一〇〇号；**宏安**，许允明，太庙巷四十四号；**国华**，余明成，中山南路四六一号；**昌记**，寇丽泉，保安桥直街二十五号；**同春**，方善祥，候潮门直街四十九号；**大地茶厂杭州办事处**，翁幼安，山子巷十号。

1946年《浙江工商年鉴》载，杭州市茶号有49家茶庄、茶号经营茶叶本销门市及批发，与茶行同属茶漆同业公会。茶号、经理、地址为：

方立大，方鹏飞，中山中路八十八号；**翁隆盛**，翁海宗，中山中路一〇〇号；**永春和记**，翁少庵，中山中路一三六号；**鼎兴**，周连甲，中山中路二九七号；**茂记**，程展鹏，中山中路三二二号；**方正大**，方舜琴，中山中路三四四号；**天丰**，吴双桂，中山中路四三五号；**永馨**，汪心甫，中山中路五〇九号；**成大**，吴庆云，中山南路；**吴恒有瑞记**，汪昌源，中山南路七〇二号；**朱信大**，朱坚甫，中山南路七七八号；**源顺昌**，姚荣甫，中山北路九十二号；**振兴**

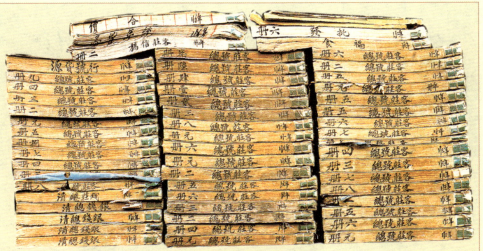

■杭州方正大茶号账册

茂，江峰青，竹斋街四十八号；**凌丰祥**，凌知芳，竹斋街一九九号；**汪同裕**，曹宏权，清泰街四一八号；**吴永大**，吴叙荣，清泰街四〇二号；**乾坤和**，王荫康，清泰街二五六号；**易大**，胡庆荣，清泰街一七一号；**方振大**，方宗玉，清泰街一四九号；**胡万泰**，余守孝，东街路七十二号；**元大昌**，何云洲，东街路八九三号；**天一**，余志明，仁和路一一四号；**同大元**，汪钟文，仁和路七十六号；**椿茂**，冯志雄，延龄路一六〇号；**西湖**，罗义仙，中正街国货陈列馆；**梅隆盛**，梅震雄，中正街三八三号；**方福泰**，方季安，庆春街广兴巷四号；**朱庆和贵记**，朱仲卿，庆春街三六三号；**立大生**，黄汉光，广春街四一二号；**合兴**，黄仲豪，庆春街二六三至二六五号；**虎林仁记**，吴志方，艮山门外河上十五号；**吴源隆**，吴悦法，艮山门外河上六六号；**洪泰**，洪馨斋，笕桥大街一六九号；**德盛峰记**，吴凤仪，鼓楼湾三十号；**吴元大**，吴松祥，望江门大街三十五号；**隆兴峰记**，闻嘉荣，南屏路四十三号；**永兴**，许文鉴，定香桥四号；**龙井**，翁天放，虎跑寺内；**九龙**，应锦，九溪十八涧；**庞骊森**，九溪十八涧；**方恒泰**，方达甫，湖墅清朝寺牌楼六十一号；**福茂岩记**，章特英，湖墅甘露茶亭十八号；**信大祥**，吴吉甫，湖墅珠儿潭；**吴德昌祥记**，吴志良，湖墅甘露茶亭四十九号；**吴永泰**，吴志湘，湖墅甘露茶亭五十三号；**汪永昌**，汪大琦，大关

■浙省方正大茶庄广告纸

康家桥十三号；**永隆汉记**，汪大堂，大关紫荆街三十六号；**大丰德**，郑景德，拱宸桥大同街一四三号；**莘泰**，沈浦泉，拱宸桥大同街一二〇号。

◎闯荡世界的龙井茶庄——方正大

世居杭州湖滨吴山路的章胜贤，立志挖掘杭州历史文化沉淀，历20年心血，拍摄杭州街巷市井风貌照片逾万张。一个偶然的机会，章胜贤获得杭州老字号方正大茶庄部分老账册，数次追寻，总计为七十余册。2003年底，市场再次惊现方正大茶庄老账册七十余册，为收藏家韩一飞先生所获。

这百余册杭州方正大的老账册（见第121页），最早为1930年，最迟为1936年，正是民国杭州茶业鼎盛时期。账册中，有客庄号总、行号货源、钱庄总清等每年账册，以及本号批发、客庄信稿、货汇、合价、福食、浮庄、子茶花户等分类账册。这些老账册记载着方正大茶庄与全国千余家茶号以及与港澳、环球的业务往来，记录了方正大茶庄对杭州数百家茶行、茶农的龙井茶收购业务，是杭州老字号茶庄闯荡世界的真实写照。

1929年《杭州西湖博览会游览指南》中方正大茶庄的广告（见第116页），广告上为"方正大茶叶庄"大字，中有图，图中上为蓝天白云，下是方正大茶号位于羊坝头大街拐角的四层洋楼。洋楼正面墙上除"方正大"三个大字外，还有醒目的"大鹏商标"图。两侧为广告词："本庄开设数十年，专办狮峰龙井茶叶……装潢雅致，罐听箱匣，式样时新……"方正大茶庄创建于民国元年（1912），以经营高档龙井茶、旗枪为主，店主方冠三为人温文尔雅，平易近人，得到同业推崇。

浙省方正大茶庄广告纸（见第122页），近正方形，边长为43厘米。该广告黄纸、绿图、红字，上为醒目的红字"浙省方正大茶庄"，下椭圆形中为"大鹏商标"图，两侧葡萄、松鼠花饰，椭圆形上为茶庄地址和经营范围，下为"龙井茶叶说明书"：

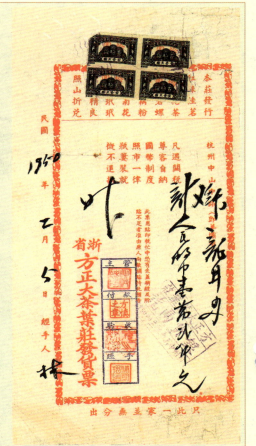

■1950年浙江省方正大茶叶庄售龙井茶发票

TEA IS AN IMPORTANT DAILY DRINK OF HUMAN LIFE. CHINA HAS LONG BEEN REPUTED AS THE BEST COUNTRY OF PRODUCING TEA. LOONGKING GREEN TEA IS THE BEST ONE OF ALL THE KINDS OF CHINA GREEN TEA; WITH ITS FRAGRANT AROMA AND APPETIZING FLAVOR, IT IS VALUABLE TO BE INTRODUCED TO ALL THE TEA DRINKERS.

茶为饮料，人生必需日常生活不可或缺。中国特产，山川毓秀，土地优良得天独厚，龙井狮峰胜蹟悠久明前而前精哉研究。其质清香，其味馥郁誉满全球咸称异品。

■杭州方正大茶庄茶罐

　　茶之产区。在浙江西湖之南风篁岭北峰，称狮子，井以龙名。惟西湖山水清秀，甲于全球，产生于峰峦环抱之间，得天独厚，香味芬芳。审茶类中，可洵推巨擘。此固天地自然之物，亦吾华山川灵气所钟也。

　　茶之功效。能益智，慧生精液，能烦渴，醒宿酒。明目消愁，涤肠胃，快心胸。有益卫生，实非浅鲜。

　　茶之饮诀。古人法，当以煎，其真味易出，龙井味细嫩，然亦必须烹水百沸，冲之盖闷片时，方出真味。

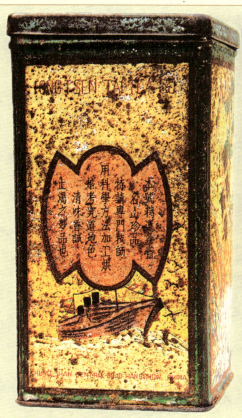

■杭州方正大茶号茶叶罐

　　茶收藏法。茶潮湿，色味必随之而变。宜用石灰共置罐中，固封，勿令泄气。夏秋两易其灰，经久可保无虞。

　　浙杭方正大主人谨识

　　前招因有假冒，于戊辰年八月改印大鹏商标为记。武林朱幼亭书。

　　方正大茶庄之"龙井茶叶说明书"，充满对中华国粹龙井茶的钟爱，其"茶之饮诀"中，"必须烹水百沸，冲之盖闷片时，方出真味"，与今不加盖，茶客观看玻璃茶杯中茶叶随沸水上下翻滚，品法略有不同，却注释了清代宫廷画中乾隆、嘉庆的品茗龙井茶图。其茶收藏法和现今杭城民间收藏龙井茶的方法一模一样，但见诸文字可能是较早的。其末尾还有"戊辰年八月改印大

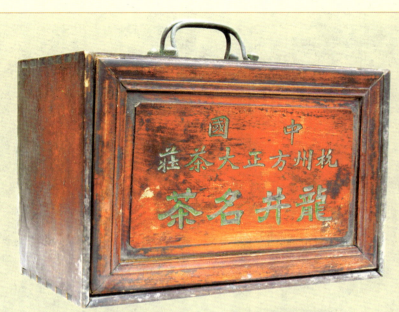

■中国杭州方正大茶庄龙井名茶外销茶箱，上有铜提手。

鹏商标"。戊辰年即1928年，正是1929年西湖博览会前夕。

民国年间杭州方正大茶庄的茶叶罐（见第124页），茶罐长10厘米×宽7厘米×高18厘米。顶面为四角椭圆的长方形，四角有"大鹏商标"四字，中间椭圆形内

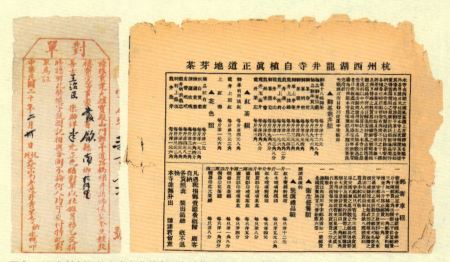

■左　1931年杭州天竺山南老龙井寿圣寺衲永畅重建大雄宝殿对单
■右　杭州西湖龙井寺自植龙井茶广告

著 名 特 产 商 店		
营业种类	店 名	地 址
绸 缎	萬源綢莊	保佑坊112號
"	恆豐綢莊	清河坊8號
絲織風景	都錦生絲織廠	花市路69號
茶 葉	翁隆盛茶莊	清河坊60號
"	汪裕泰茶莊	湧金塔脚8號汪莊內
"	方正大茶莊	羊壩頭14號
扇 子	王星記扇莊	太平坊28號
"	舒蓮記扇莊	太平坊40號
毛 筆	石愛文筆莊	壽安路21號
火 腿	方裕和南貨號	清河坊64號
剪 刀	張小泉近記剪號	大井巷54號
皮 革	日新皮件廠	迎紫路國貨陳列館
藥 品	胡慶餘堂雪記國藥號	大井巷98號
草 煙	密大昌煙號	扇子巷13號
汽車材料	大同汽車材料剁號	吳山路132號
歐西食品	健大食品分號	延齡路148號

SHOPPING GUIDE		
Business Classification	Name of the Shop	Address of the Shop
Silks	Wan Yuan Silk Co.	112 Pao Yu Fang
"	Hêng Foong Silk Co.	8 Ching Ho Fang
Silk Pictures	Tu Chin Sheng Silk Factory	69 Hua Shih Road
Tea	Wêng Lung Shêng Tea Co.	60 Ching Ho Fang
"	Wang Yu Tai Tea Co.	Wang's Villa
"	Fang Chêng Ta Tea Co.	14 Yang Pa Tou
Fan	Wang Sing Kee Fan Shop	28 Tai Ping Fang
"	Shu Lien Kee Fan Shop	40 Tai Ping Fang
Chinese Pen	Shih Ai Wen Pen Shop	21 Shou An Road
Ham	Fang Yu Ho Provision Store	64 Ching Ho Fang
Scissors	Chang Hsiao Chuan (Chin Kee)	54 Ta Ching Yang
Leather Goods	Jih Sing Leather Goods Co.	Native Goods Bazaar, Ying Tsu Road a Ching Yang
Chinese Medicine	Hu Ching Yu Tang (Sieh Kee)	
Chinese Tobacco	Mi Ta Chong Tobacco Store	3 Shan Tsu Yang
Auto Supplies	Universal Auto Supply Co.	132 Wu Shan Road
Provision Store	Shun Dah & Co.	148 Yen Ling Road

高等旅館		
HOTELS		

袖 珍
東 南 交 通
週 覽 路 線 圖
附杭州市西湖名勝交通圖
及
旅 行 須 知

浙江省名勝導遊局編印
民國二十四年九月出版
(售大洋二角)

POCKET TOURISTS' ROAD MAP
OF THE
SOUTHEASTERN PROVINCES
OF CHINA

Including map of Hangchow, West Lake and Environs and touring information on the highways.

Published by
Chekiang Tourist Bureau, Hangchow
September, 1935
(Price 20 cents)

📖1935年9月，浙江省名胜导游局编印之《袖珍东南交通周览路线图》中有杭州翁隆盛、汪裕泰、方正大三大茶庄的中英文介绍

杭州老字号系列丛书·茶业篇

是大海旭日和展翅大鹏。茶罐四角皆有图文，图案分别是杭州风景西湖保俶塔和钱江六和塔，文字中英对照，曰："杭州方正大茶号，茶为饮料，人生必需，日常生活不可或缺。中国特产，山川毓秀，土地优良，得天独厚。龙井狮峰，胜迹悠久，明前雨前，精诚研究。其质清香，其味醇郁，誉满全球，咸称异品。"

中国杭州方正大茶庄龙井名茶外销茶箱（见第126页），茶箱高18厘米×长26.5厘米×宽14.5厘米，上有铜提手，非常精致。此茶箱装着名贵的龙井茶，远渡重洋，在外数十载，今日重归故里，弥足珍贵。

民国时期，杭州茶庄林立，生意兴隆，而最大的是翁隆盛、汪裕泰、方正大、方福泰、方立大这几家。民国二十四年（1935）9月，浙江省名胜导游局编印了《袖珍东南交通周览路线图》。 民国就有浙江和杭州的名胜导游局，说明"游在杭州"由来已久。此图有杭州特产商店的中英文介绍，茶叶一栏为翁隆盛、汪裕泰、方正大。民国时杭州和西湖地图众多，由浙江省名胜导游局编印，专门有特产商店介绍则颇为鲜见。这幅图也是民国时期就非

■龙井寺牌坊

■龙井寺前留影（20世纪20年代）

常注重把浙江杭州的名胜和物产，特别是西湖龙井茶推向全国、推向世界的实证。

◎龙井寺的龙井茶

晚清民国有不少文人在游记中写道，遍游西湖，总不忘买杭州土产龙井茶，但假货颇多，就是龙井寺的龙井茶，也有伪货。说明民国时龙井寺卖西湖龙井茶，也是一大特色。20世纪30年代的杭州《市政月刊》上，居然还有一则"杭州西湖龙井寺自植真正道地芽茶"的广告："本寺在西湖之南，风篁岭上。古迹胜地，名驰中外，各界诸君来杭，游历本寺品茗，称赞其茶精良优美。其地在寺傍狮子峰上，四时浑厚温和，常得云雾清爽之气。广衍钱沃，而无混浊污秽之象。本寺悉心研究，垦植茶山百余亩，督制各种春前、明前、雨前，尚有与众不同之十八棵御茶。虽各茶互有分别，而其色香味三者，无不具备其特殊之性质，为能涤脏腑之郁闷，清胸襟之烦躁，平肝明目、解渴安神、除风去毒、清暑化痰，所以中外人士皆喜欢之。

本寺出品最佳者，用秘法制成，惜因每年出品无多，每遇购者，目众而逢。缺货之时，只可待至来年新茶登场再行供应。本寺为慎重起见，不愿以劣茶混充。尚祈光顾诸君价目特别从廉，幸垂察焉。”

龙井寺宣传其寺院特有品牌，拥有十八棵御茶稀有资源，参与市场经济竞争意识非常鲜明。

1931年杭州天竺山南老龙井寿圣寺衲永畅重建大雄宝殿对单是龙井寺募捐的实物。对单中的永畅正是1937年《杭州公司行号行刊》中"龙井寺茶场"之负责人，即龙井寺住持和尚。

龙井寺广告还分狮峰龙井类、红茶类、花色类、卫生营养类、装潢礼品类，分类明码标价，逐一介绍。其中的狮峰龙井类，每斤售价以大洋计。狮峰十八棵御茶，16元；极品狮峰仙岩，12.8元；极品狮峰贡尖，9.6元；狮峰春前，8元；狮峰明前，6.4元；狮峰上芽茶，4.8元；龙井上旗枪，2.4元；龙井莲心，1.92元；龙井上雨前，1.6元；龙井本山，1.28元；狮峰尖，0.96元；龙井青雀，0.8元；龙井玉兰片，0.48元；龙井茶心，0.3元。红茶类有狮峰明前旗红、龙井上旗红、上红寿三种。花色类则有黄白菊花、桑芯茶。装潢礼品类中，一斤装红木赛银对瓶箱，每只12元；一斤装红木玻璃对箱，每只5.6元；还有国货彩印玻璃茶盒、机器印花茶听等。

按龙井寺的广告，一斤狮峰十八棵御茶以红木赛银对瓶箱包装，价值为28元，几乎为五六石高档大米价格。石，为计量单位，一石为十

■龙井寺（20世纪30年代）

斗，也为重量单位，一石为120斤。

广告中还有"邮寄章程"，章程最后写有："黑龙江与四川甲字邮局须加一倍邮费，北满、云贵、陕甘三倍，新蒙六倍。"说明龙井寺的龙井茶还远销东北、内蒙、新疆，其影响非常广泛。

◎民国杭州茶庄文化遗存集锦

民国时期，杭州仅登记注册的茶行、茶号就有一百二十多家。这些茶行、茶号经营多年，有大量五彩缤纷的茶文化遗存，给后人传递着杭州龙井茶的包装、广告、税收、行规、商标等信息。现精选一部分刊登于后。

特别值得一提的是"浙省吴恒有茶号红木龙井茶盒顶盖"（见第136页），一般人只知道绝品龙井茶昂贵，殊不知一大片茶园能有多少嫩芽，而一斤绝品龙井要七八万颗茶芽，经茶农上下翻滚八小时，方能炒制成茶。民国时期，杭州各大茶庄有以红木茶盒置名贵龙井茶的记载，此为其中一件。

开设于南星站的杭州盛大茶漆庄之茶叶罐高14.7厘米×长13厘米×宽6厘米（见第137页），顶盖已无，锈蚀严重。但传递给我们的信息极多。正面麻姑献寿桃图，上面

■龙井古刹牌坊

■左 浙省吴元兴茶庄包装纸　　■中 杭州塘栖周德丰号茶店包装纸
■右 杭州江干海月桥衡大茶号包装纸

■左 浙省吴恒有茶号红木龙井茶盒顶盖　　■右 1949年浙省吴恒有茶叶老号销"本山"龙井茶发票

136

■上 杭州永春茶号茶叶罐　　■中左 杭州怡和茶庄"喜"字商标茶叶罐　　■中右 春记茶庄监制
"霞"字商标茉莉花茶茶叶罐。以"平湖秋月"、"西湖美女"入画，制茶厂设杭州宝顺街路东，店设（上
海）四马路大街　　■下左 杭州成大龙井茶庄茶叶罐　　■下右 杭州盛大茶漆庄茶叶罐

经仔细辨认为"杭州盛大茶漆庄",下为"开设南星站",背面圆圈内有"本庄开设杭州南星站洋桥大马路,坐西南临东北洋台门面便是。专办各省名茶,督办狮峰龙井、雨前莲蕊、六安香片、双窨珠兰、武夷白毫,洞庭碧螺、云南普洱、黄白贡菊……"两侧各有"三角为记。茶叶包裹论轻重寄表:有茶码、库平、本省、双费、三费等各档计费价"以及"三光商标。自杭州寄达各省之等级,计有直隶、山西、河南、东三省、山东、湖北、湖南、江苏、江西、上海、安徽、本省、福建、广东、广西、四川、云南、甘肃、贵州、陕西、蒙古、新疆等22省,分一、二、三、六寄费也"等字。

《浙江商报》之"二十六年度杭州市公司行号年刊"有"成大"记载:经理为吴光鉴,主要营业茶漆,地址:警署街四五号。

1946年《浙江工商年鉴》记载:成大(茶漆庄);经理:吴庆云;地址:扇子巷十四号。

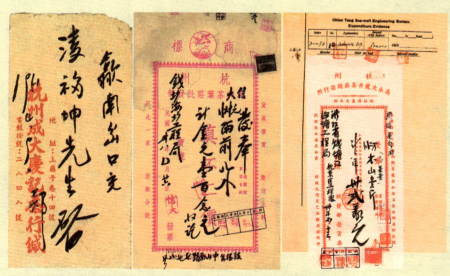

■左 杭州成大庆记茶行信封 ■中 1949年杭州信大茶庄销龙井雨前茶发票
■右 1946年杭州吴永大龙井茶庄销龙井茶发票

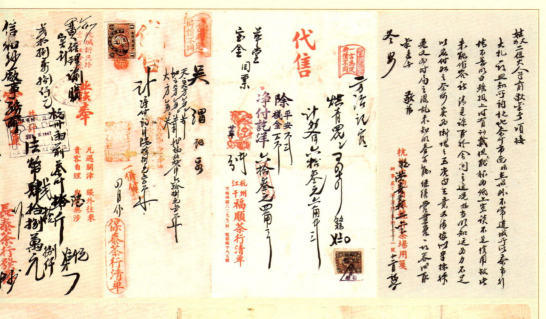

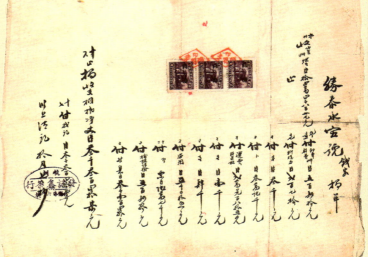

■上左 1947年杭州新民路150号长泰茶行售雨前茶发票　■上中左 乙丑年（1925）杭州保泰茶行清单
■上中右 1933年杭州江干福顺茶行售茶清单　■上右 杭州虎跑自植龙井茶场信笺
■下左 杭州仁和路天一茶号信笺　■下右 杭州劳动路61号发记鑫茶行发票（20世纪40年代）

◎杭州茶庄、茶号发票

　　以上是一组林林总总、难得一见的杭州老茶庄发票，有的盖满签记，有的
粘有税花。

■左 1944年杭州泰丰祥记茶行清单　■中左 1944年杭州泰丰祥记茶行清单

■中右 1945年杭州泰丰祥记茶行清单　■右 杭州吴恒有茶庄老板致函苏州吴世美茶号销龙井茶函

■打铜巷43号杭州恒森茶行信笺

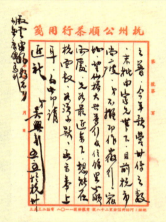

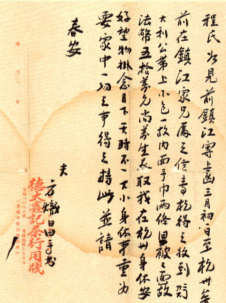
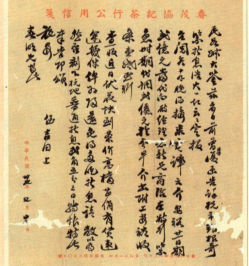

■上左 杭州公顺茶行信笺　　■上右 杭州望江街裕大茶行信笺
■下左 杭州德大鑫记茶行信笺　　■下右 杭州竹斋街134号春茂协记茶行信笺

◎杭州老茶庄信笺、信封

　　下为一组不同时期杭州老茶庄的信笺、信封。这些从安徽深山老宅当年安徽茶商家中挖掘出来的已历经七八十年的杭州老茶庄文化遗存，有在沪杭、闽粤商人给亲人的信函，也有茶庄之间商业来往信笺，无不饱含着杭州茶商的艰难与奋斗。从另一角度，凭借这些文化遗存，我们也可解一些"杭州茶庄知多少"之

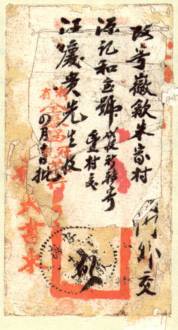

■上左 杭州裕大茶行信封　■上中 春茂协记茶行信封　■上右 杭州宝华茶行信封

■下左 杭州后市街87号杭州人和永记茶行信笺

■下中 浙省全泰昌冠记茶行信封，全泰昌为方正大老板方冠三所设茶行　■下右 杭州大兴茶行信封

杭州老字号系列丛书·茶业篇

■上左 杭州义泰茶行信封　　■上中 杭州企新茶叶合营股份有限公司信封
■上右 浙省候潮门外大街杭州同春茶行信封　　■下左 湖墅大街杭州海丰龙井茶庄信封
■下中 杭州城内小学前大马路浙省大华龙井制茶厂信封　　■下右 南星桥浙省益大龙井茶庄信封

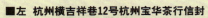

■左 杭州横吉祥巷12号杭州宝华茶行信封　　■中 杭州竹斋街苏州永丰茶行杭州分行信笺
■右 1946年苏州永丰恒记茶行杭州分行发票

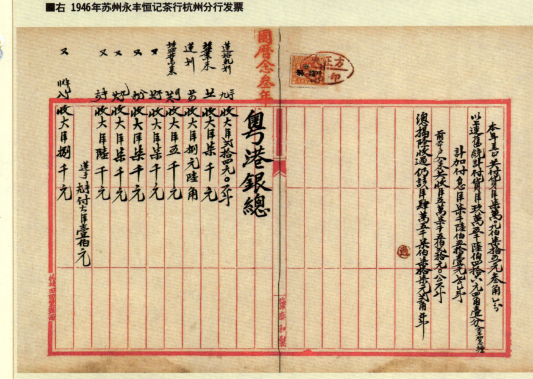

■1934年方正大茶庄粤港银总

谜。

◎外地茶庄在杭州开厂设号的文化遗存

东北哈尔滨同生泰、东发合、公和利、裕丰茶庄、滨江宝兴东茶庄，天津成兴茶庄，广州远芳茶庄，苏州永丰恒记茶庄在杭州均开设制茶厂，或设分店采办龙井茶，销售龙井茶。据1946年《浙江工商年鉴》记载，在杭州设厂的外地茶庄有大中国茶叶公司等数十家，这些在杭州注册的外地茶庄的文化遗存大多尚未发现。

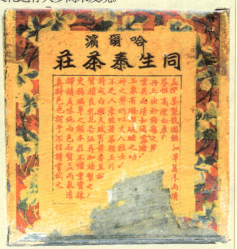

■哈尔滨同生泰茶庄茶罐，此茶庄在苏杭徽闽均设制茶厂

■哈尔滨东发合茶庄茶罐，罐上标明茶庄在杭州南星桥设有制茶厂

■上图　哈尔滨公和利茶庄茶罐，此茶庄有专厂设于杭闽皖　　■下左　滨江宝兴东茶庄延年益寿商标

■下右　杭州裕泰厂制造的特别礼品茶叶罐，以杭州文澜阁假山石入画，礼品茶中各山贡茗首推西湖龙井

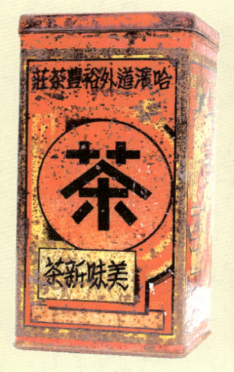

■上图　哈尔滨道外裕丰茶庄茶罐，上标明该茶庄在杭州候潮门外路南设有制茶厂　　■下左　天津成兴茶庄茶罐，该庄在杭州设有制茶厂　　■下右　杭州裕泰厂制"特别礼品"茶叶罐，以古典美女入画

147

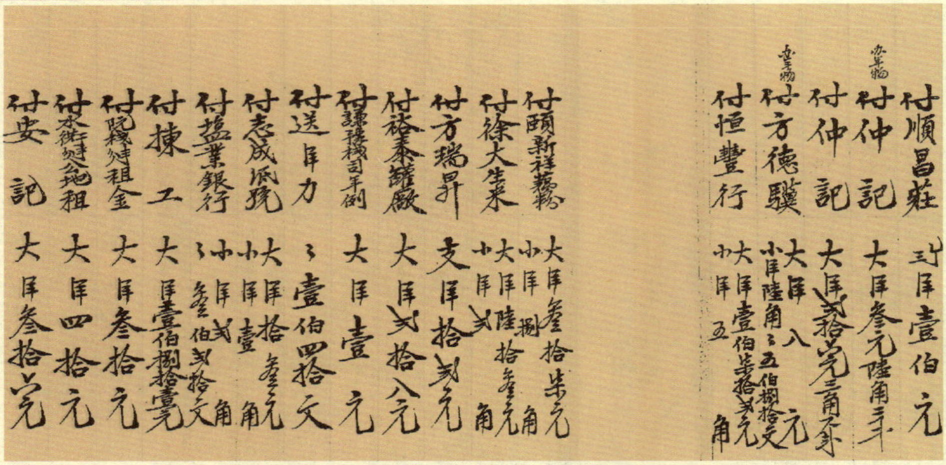

■杭州方正大茶庄账册，记载付裕泰罐厂费用

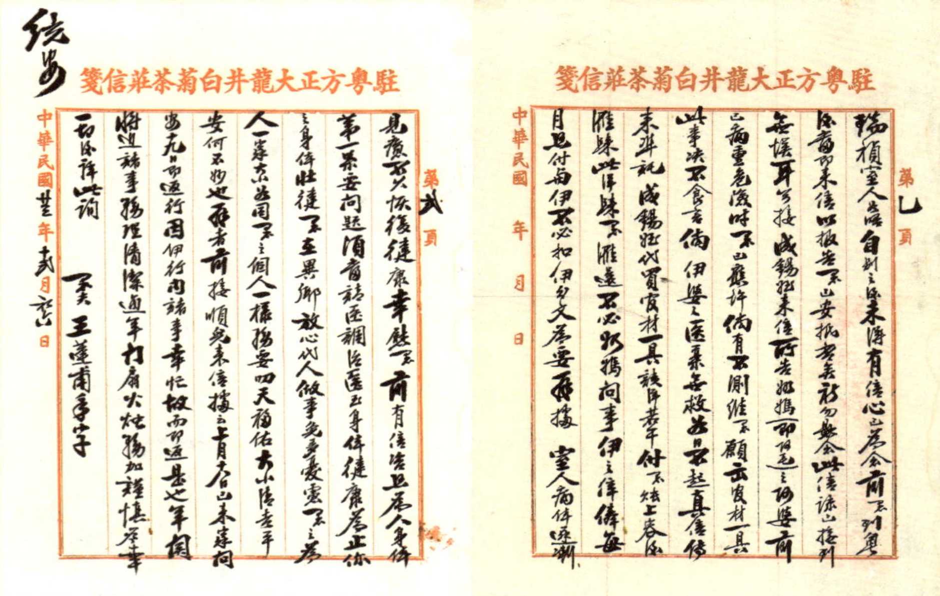

■驻粤方正大龙井白菊茶庄信笺

◎杭州茶庄在外地经营的文化遗存

　　杭州规模较大的茶庄，如翁隆盛、方正大、鼎兴等，也到京、津、沪、粤设分

■左 广州濠畔街西肇兴行内驻粤方正大茶庄信封　　■右 1940年翁隆盛茶号上海分号售龙井茶发票

号，直接销售龙井茶，采办当地名茶。

◎杭州的茶箱业

发达的杭州茶业还造就了诸如茶箱业、过塘行、运输行、报关行等辅助行业。
1937年《杭州公司行号年刊》记载的茶箱业行号、经理、地址、电话有：

蔚芬号，娄范庆，后市街九四号；**蔚芬洁号**，周培元，西府局二号；**精字号**，
金庆潮，金钱巷三○号；**精字号**，汪连鑫，金钱巷四○号；**精字号**，汪阿龙，东街
路三七五号；**芬字号**，孙锦章，袁井巷三号；**精字号桂记**，朱傅坤，东街路六九六
号；**精字号生记**，程根生，仓桥后营街三四号；**翠字号合记**，陈定根，东街路三六
一号；**翠字号**，周炳荣，天汉州桥二二号；**蔚字号**，陈有财，三角地九号；**精字
号**，应长明，下菩萨；**芬字号**，傅春樵，上羊市街茶店弄三号；**蔚字号**，洪阿福，
后市街九号四号；**精字号**，胡宝山，东街路漏底墙门八号；**精浩蔚号**，王锦玉，庆
春路九二号；**精字号连记**，张永连，笕桥汪家兜三二号；**精字号**，沈宝珊，小营巷
二七号；**蔚字号**，陈阿惠，西牌楼二四号；**翠字号**，孙锦泰，过军桥三四号；**芬字
号松记**，胡松茂，上羊市街一五五号；**蔚字号发记**，楼来发，东平巷二七号；**芬字
号源记**，楼来源，下羊市街二八号；**精字号毛记**，陈阿毛，天水桥八五号。

杭州老字号系列丛书·茶业篇

茶业篇

HANGZHOU TEA TRADE HISTORY

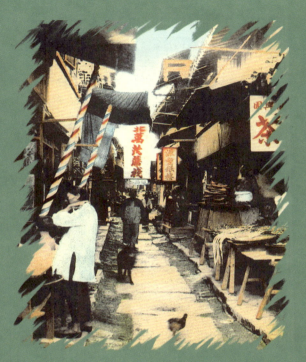

◎杭州茶馆◎

杭州老字号系列丛书·茶业篇

伍

■运河边上听水楼茶室（20世纪30年⋯

杭州茶馆

杭州人喜品茗，流风自宋已然。《武林旧事》载："大茶坊张挂名人书画，四时卖奇茶异汤；大凡茶楼，多有富家子弟学习乐器，大街茶肆楼上，更有花园；穷极幽胜，皆士大夫约友会聚之处；晚清民国，杭市茶馆全城林立，以濒湖之望湖楼、吴山之绿阴茶榭等数家规模较大，夜间多有设歌场以娱乐者；湖上别业如水竹居、坚瓠别墅，名胜如平湖秋月、西泠印社，寺观如虎跑、韬光处处皆有卖茶处，品茗者四时不绝。"

■ 晚清杭州茶馆

◎杭州茶馆知多少

据1933年《杭州市经济调查》载，杭城当时有大小茶馆550家，但无详细店家名。规模宏大者有新市场的雅园、西园、喜雨台、乐园、一乐天，城站的第一楼，拱墅的第一楼，醒狮台、品芳楼，湖墅的曲江楼等。

龙井茶既然是杭州一大特产，杭州的报纸也经常刊登茶叶行情，供茶界人士参考。1946年9月23日的《浙江商报》上"杭市商情"有当日茶叶（门价）行情：

狮峰极品御茶，48000；狮峰春前御茶，32000；顶上春前，24000；上春

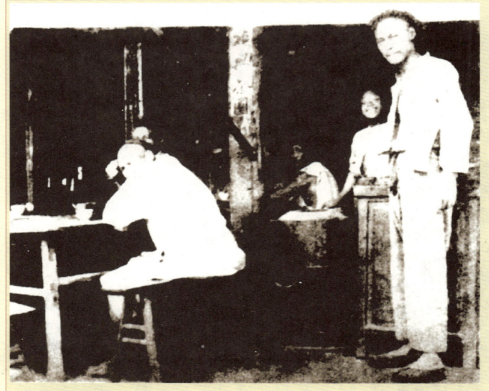

■清末杭州茶馆

前，16000；狮字春前，12800；龙井上明前，8000；龙井明前，6400；龙井莲心，4800；龙井旗枪，3200；龙井雨前，2400；本山，1600；粗茶，640；极品乌龙，24000；特上乌龙，16000；顶上乌龙，12800；上上乌龙，8000；上上九曲，6400；上九曲，4800；九曲，13200；君眉，2400；红梅，1600；建旗，960；武芽，480；本楝末，1280。

当日米价每石为36000～47000元，可供对照。

旧时杭城的茶馆到底有多少？不同时期茶馆有变动，不同年代的资料记载也不同，有的资料记载有数量，而无行号、经理、地址，而1937年《杭州公司行号年刊》的记载最为详尽。其时，杭州茶店业有行号、经理、地址、电话的

■杭州吴山茶馆（20世纪40年代）

茶馆有五百二十多家，具体如下：

雅园，杨祥麟，延龄路六四号，二一四四；**喜雨台**，裘宗尧，延龄路七五号，二三四三；**西园**，余连锦，湖滨路四六号，二二六〇；**观海楼**，俞丹轩，三廊庙一四号，南一七九；**东升楼**，方玉磁，鼓楼湾三一号；**西泉园**，徐喜华，百井坊巷八四号；**怡园**，严耀珊，闸口小桥河下八三号；**芝松园**，何博泉，太平坊巷一〇号；**叙乐园**，王文奎，大学士牌楼三二号；**同乐园**，罗友生，英土街六〇号；**万云阁**，陈宝生，下羊市街二三五号；**复兴园**，徐荣三，湖墅康家桥二三号；**福兴楼**，何性生，东街路五三三号；**兴福居**，五福泉，东街路一〇九一号；**四海第一楼**，应宝兴，和合桥七八号；**如意阁**，胡宝林，拱埠里马路四四号；**长园**，丁金宝，湖墅宝庆桥五七号；**泉有天**，石春有，中正桥五五号；**明明**

龙井彩色明信片（20世纪30年代）

居，叶培德，屏风街九〇号；同乐荣记，陈大荣，良山车站五号；清和茶社，徐庆园，万松岭脚南一号；兴隆园，王德标，凤山门外直街一〇一二号；大华园，王兆熊，凤山门外八五号；紫阳园锦记，吕茂林，南星站前二三号；顺年居，黄耀灿，诸桥里街四二号；景福居，杨福康，景福庙六〇号之乙；聚宝楼，张志良，惟善亭三三号；正芳园，郦长根，化仙桥里街七一号；聚乐园台记，钟德耀，水澄桥里街四九号；伈乐园，叶筱春，元帅庙前九四号；仙乐园，沈祖恒，小桥河下九一号；陈六岁，甘水巷五号；庚申园，童阿坤，安家塘九号；竺记，竺顺康，六和塔一二号；景记，叶文奎，潮神庙二五号；聚仙楼，杨桂根，六和塔二四号；景乐园，谢阿五，六和塔五九号；胡定彪，胡定彪，六和塔一〇四号；雅乐园，来咬咬，六和塔一〇九

杭州老字号系列丛书·茶业篇

■ 龙井。墙上有"隆兴茶号，租佃本山名茶，自植龙井茶树"

号；**崔子园**，张洪福，崔子塔九号；**乐园**，朱庆元，闸口塘上三四号；**明月泉**，莫大昌，闸口塘上九二号**望江楼**，朱胡氏，闸口塘上一〇九号；**源源茶店**，王化文，闸口塘上八二号；**陈福昌**，陈福昌，闸口塘上五八号；**王芝坤**，王芝坤，闸口塘上五六号；**周锦奎**，周锦奎，闸口塘上三〇号；**凤椿图**，周凤梧，小桥塘上四二号；**荣记**，沈宝荣，化仙桥塘上四〇号；**仙乐园**，顾阿龙，化仙桥河下四七号；**化仙居**，顾连名，化仙桥塘上一一四号；**聚仙居**，宋学三，红庙前四五号；**钱江第一楼**，李春林，海月桥塘上一三四号；**永福楼**，朱如福，海月桥塘上九七号；**天富楼**，严钱文，海月桥；**海月楼**，汪子坤，海月桥河下四号；**同兴阁**，周学卿，海月桥塘上五一号；**泉居**，袁阿连，洋泮桥塘上六九号；**聚源居**，鲍其法，洋泮桥塘上七九号；**临江阁**，王阿华，美政桥塘上六五号；**望越居**，鲁阿九，美政桥塘上九六号；**顺凤居**，朱根生，诸桥大街一

■民国茶馆（20世纪30年代）

二号；**福兴居**，金绍全，诸桥大街三〇号；**顺风居**，周仁寿，龙舌嘴九号；龙泉居，邵连明，龙舌嘴六八号；**得意楼**，汪寿根，兵马司二一号；**张德记**，张德富，兵马司二六号；**清凤阁**，劳才法，三廊庙二九号；**民乐园**，王金鳌，三庙廊四八号；**乾亨园**，蔡小正，秋涛路一一号；**荣春居**，陈双福，警署街三号；**聚仙楼**，陶傅忠，警署街五号；**福海园**，胡轩榕，警署街四六号；**碧霞轩**，钟培，警署街八八号；**民华园**，张长寿，南星大街一一号；**何雪记**，何新德，南星大街一号；**黄新记**，黄德温，梁家桥三三号；**沁园**，严如宝，南星大街六二号；**利津居**，沈顾氏，南星大街一〇〇一号；**宽心园**，李宣为，候潮门外一八五号；**陈永茂**，陈金生，候潮门外二〇三号；**顺兴居**，沈毛儿，候潮门外二〇五号；**凤山居**，孙金水，凤山门直街五一号；**部元居**，金福清，凤山门直街一一号；**月华园**，周松桂，上仓桥直街五二号；**第一兴**，裘以生，秬接骨

■ 龙井（20世纪30年代）

龙井 20世纪30年代

■*虎跑寺（20世纪20年代），也称定慧寺*

桥四二号；**锦和居**，陈锦泉，太庙巷直街三九号；**福德居**，胡英瑞，福德桥街一七号；**永和居**，金凤台，察院前巷一号之丁；**望仙楼**，楼开成，察院前直街六六号；**得意园**，余老荣，通江桥六号；**长乐**，郭世鸿，城隍牌楼三九号；**南园**，干庆开，水帅前四号；**顺风居**，王小土，城隍牌楼一三号；**洪福居**，王七弟，城隍牌楼七九号；**顺承居**，徐金奎，四牌楼一五号；**易安**，陈子林，十五奎巷一号；**望仙楼**，钟阿顺，望仙桥直街七二号；**三元居**，赵阿宝，望仙桥直街七八号；**味甘园**，虞达三，上板儿巷五号；**仙福居**，宋学荣，金钗袋巷一〇号；**鑫兴园**，毛雪富，抚宁桥四号；**锦记**，魏锦荣，车驾桥四号；**常春楼**，常芝卿，雄镇楼直街六六号；**得意居**，张阿南，雄镇楼二六号；**泉乐园**，章锦华，候潮门直街一三号；**华兴园**，黄其兴，上羊市街一〇号；**顺和居**，严宝生，上羊市街八号；**同福居**，陈小富，下羊市街八号；**龙居**，范孝鉴，望江门直街一〇九号；**顺清社园**，吴顺清，望江门外直街九号；**永昌居**，王忠华，望江门外直街八号；**福兴阁**，吴宝昌，望江门外直街二号；**永兴居**，吴宝富，望江门外直街三八号；**奎元居**，陆阿华，望江门直街一二一号；**沈连喜**，沈荫

■虎跑泉（20世纪20年代）

堂，候潮门外直街三〇号；**一枚春**，吴炳炎，望江门；**大通居**，郭三多，望江门外直街三三号；**畅悦居**，徐阿良，观音塘四号；**福兴居**，沈锦泉，观音塘上一二号；**永庆茶园**，吴鹤标，天王桥七一号；**增兴园**，施增兴，天王桥四二号；**顺兴园**，沈顺兴，天王桥一八号；**鸣凤居**，高四六，天王桥一〇号；**愚园**，曾明海，清泰门外一号；**金福居**，柯金宝，清泰路二四号；**新公园**，杜珊宝，清泰路六六号之丙；**正阳园**，沈西有，小米巷一号之丁；**财福居**，金阿彩，清泰路一六五号；**虞文华**，清泰路二七九号；**共和园**，陈得胜，下板儿巷三五号；**东升楼**，郎永发，下板儿巷九〇号；**桂记园**，徐桂根，下板儿巷七二号；**聚仙楼**，竺云堂，下板儿巷三号；**顺福居**，胡顺福，中板儿巷二八一号；**谢宝源**，王德林，斗富三桥东弄二四号；**福乐园**，史阿福，中板儿巷二五八号；**福霖园**，孟长生，斗富二桥；**清华园**，潘文炳，斗富二桥东弄一〇号；**顺风居**，沈松泉，斗富二桥西弄一九号；**富椿园**，俞阿虎，中板儿巷一四三号；**松柏春**，邬荣生，上板儿巷八二号；**庆隆居**，董金生，下羊市街七四号；**松春**

■ 小镇茶店（20世纪30年代）

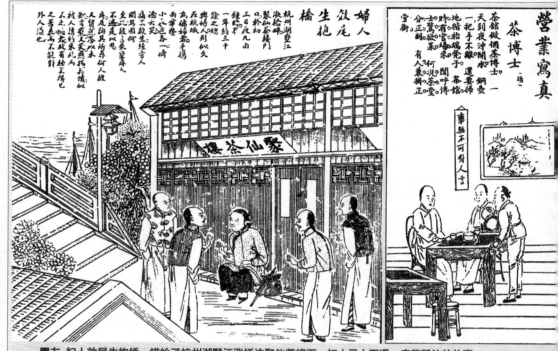

■左 妇人效尾生抱桥，描绘了杭州湖墅江涨桥边聚仙茶楼下一妇人寻人不遇，痛苦哭泣的故事
■右 茶博士

阁，胡芝林，下羊市街一五五号；**兴乐居**，胡双福，下羊市街一九二号；**闲福居**，阮八斤，下羊市街二二三号；**清心居**，阮禄波，羊市路三二号；**迎**，童继佩，羊市路七四号；**齐云阁**，傅聚文，城站路二号；**武林第一楼**，王筱章，福元路五一号；**梅霖园**，陆梅洪，许衙巷二二号；**荣华园**，尚润身，上仓桥二七号；**宝居**，丁松樵，祠堂巷一六号；**奇芳**，尉仁林，竹斋街五一号；**第一**，傅祥宝，竹斋街六九号；**聚兴居**，周严氏，竹斋街一二〇号；**得意园**，吕东林，下华光巷八号；**鸿福楼**，金阿才，竹斋街一四九号；**叙乐园康记**，严仲康，竹斋街一九八号；**顺江楼**，吴阿根，竹斋街三〇八号；**珠兰阁**，赵宝珊，劳动路一一七号；**仙花居**，曹启耀，竹斋街三八四号；**汇芳园**，俞宝琴，清波桥二七号；**仙乐园**，赵程达，净寺路四七号；**鹤兴楼**，吕鹤兴，净寺路五八号；**永兴居**，魏国贤，清波门直街五三号；**财福茶园**，华忠才，竹斋街二五九号；**昌锦记**，戚维鑫，清波门直街一四号；**清园**，陈有生，塔儿头二四号；**万春祥**，吕

■么么小丑，描绘了晚清天香楼茶室边的轶事

兆棠，里龙舌嘴六六号；**同乐园**，俞熙人，城隍山二四号；**吴山四景图**，谢周氏，城隍山三二号；**叙乐园新记**，何景春，涌金门外一二号；**聚乐园泉记**，龚双泉，金门外二五号；**仙乐园**，盛庆之，涌金门外六九号；**延龄阁**，潘金登，营门口四五号；**一乐园**，方根海，营门口一六号；**三圣园**，杨东林，闹市口一七号；**三圣楼**，吴芝斋，营门口八号；**鑫园**，叶华先，闹市口六五号；**安济茶社**，钱阿二，闹市口二八号；**云泉茶社**，谢永泉，机神庙直街六号；**得胜楼**，俞德法，机神庙前一号；**山海楼**，范长林，机神庙前一二号；**倪殿芳**，倪殿芳，三桥址六八号；**顺兴居**，李阿毛，三桥址六三号；**永春**，陈璋圭，三桥址五〇号；**复兴园**，张永兴，西府局二号之甲；**春记**，陈云霖，保佑坊二五号；**庆春楼**，娄小毛，甘泽坊巷八号；**源福居**，蒋桂芳，保佑桥东弄一七号；**庆和楼**，孙得法，琵琶街三号；**龙园**，许庆法，羊坝头二二号；**得意楼**，赵麟福，

中华国货商场；**连胜阁**，沈祥元，清泰路四八二号；**玉楼春**，孙宝金，上扇子巷一七八号；**聚贤阁**，沈小毛，上扇子巷五五号；**万云阁**，吴云生，清波桥东弄一〇号；**春江楼**，方阿三，清河坊六九号；**聚春楼**，丁芳财，登云桥河下一六号；**荣华楼**，严荣华，东河坊路二九号；**倪聚兴**，倪如有，佑圣观路七九号；**水记**，黄阿水，佑圣观路一〇八号；**聚兴**，蒋爱堂，新宫桥河下三七号；**正阳居**，杨文忠，铁佛寺桥一〇号；**景乐园庆记**，俞元林，凝海巷六一号之甲；**春福居**，朱阿喜，堂子巷一号；**庆馀楼**，孙钟瑞，堂子巷二四号；**珠玉公所**，吴进才，上珠宝巷二〇号；**贞泉居**，孟禄宝，民生路一五号；**德兴楼**，周金才，义井巷一一号；**天乐园**，杨阿忠，丰和巷口四号；**永顺居**，叶金富，城头巷八六号；**锦福楼**，杨长根，清泰路二九六号；**顺风居**，孙纪林，清泰路二三五号；**进芳楼**，梁海泉，东街路一八号；**清风居**，沈和尚，东街路八四号；**福兴园金记**，章金森，东街路二八号之丁；**维新楼**，陈锦林，东街路一五八号；**宗发居**，杨忠海，东街路二三七号；**叠园**，杜炳荣，葵巷三号；**里龙居**，何宝金，横河桥直街四六号；**林记**，潜海生，大学路一号；**全乐园**，郑全化，大河下二九号；**三喜园锡记**，王锡祥，大河下六八号；**安乐园**，沈阿堂，万安桥东弄九号；**龙园泉记**，秦永泉，东街路三一九号；**凤乐居**，马友生，东街路三七一号；**福兴居**，高文炳，东街路四三九号；**兴福居**，王小毛，东街路五〇〇号；**春园**，李志棠，万安桥北河下五七号；**万兴**，蒋阿淼，万安桥西弄八号；**聚松楼**，李宝泉，万安桥南河下二四号；**鸿福楼**，施有福，银洞桥一号；**万象春**，徐福荣，直大方伯九四号；**元楼**，王宝林，丰家兜四号；**永宁阁廷记**，马廷山，新民路三五号；**泉月楼**，虞炳耀，新民路三二号；**同福楼**，金汪氏，金鸡岭六三号；**林兴阁**，严锦镛，金鸡岭三七号；**福兴居**，余金福，金鸡岭三四号；**同福居**，王六富，淳佑桥西弄一七号；**定香居**，徐阿定，淳佑桥四弄一号；**大有园**，陈耀南，南板巷五五号；**福兴居**，钱宝康，兴和巷三五号；**金元记**，金传奎，马市街五九号；**培嵩园**，许培嵩，皮市巷一一二号；**同春园**，金文炳，皮市巷九二号；**群贤楼**，王宝林，新民路一四三号；**新民园**，任阿毛，新民路一〇一号；**财福居**，王源松，新民路一九六号；**鹤鸣居**，沈鹤鸣，下华光巷二四号；**龙华园**，龚良法，司马渡巷一〇号；**陈宝林**，陈宝林，司马渡巷二七号；**瑞香楼**，周念六，下珠宝巷五号；**新园**，周王氏，新民路二七八号；**聚兴楼**，沈阿炳，新民路三四一号；**永乐园寿记**，方寿年，众安桥直街八八号；**麒麟阁**，袁来宝，弼教坊八五号；**云仙楼**，郭多生，弼教坊一二号；**风林阁**，陈丽生，里仁坊一〇一号；**大方园**，胡长生，里仁坊三六号；**宝源楼**，许之明，教仁街八号；**阁云仙**，钱定宝，官巷口五三号；**顺风汤记**，汤锦生，青年路三一号；**泗春园**，沈显忠，国货路三九号；**和园**，曹金生，迎紫路三二号；**齐麟阁**，朱浩齐，迎紫路一一六号；**畅乐园**，朱鼎臣，吴山路五九号；**来悦阁**，汤阿三，吴山路九三号；**宴宾园**，徐锡荣，延龄路九二号；**泉居**

■ 嫖客剥衣，描绘了晚清江南水乡茶楼边的故事

■ 民国漫画"纯一斋茶市"

春记，张长春，学士路五〇号；**利泰茶店**，陆昌福，学士路七九号；**新龙阁**，徐连达，东坡路八〇号；**志成春**，桑嘉福，英士街一一四号；**龙翔园**，宋筱海，延龄路二七号之已；**集贤楼**，杨阿生，延龄路九三号；**一乐居**，陈锦荣，孝女路一五号；**泳泰源**，潘赐法，法院路五二号；**士寅茶店**，王士寅，法院路五六号；**聚乐园**，周坤，性存路四〇号；**安乐春**，王定宝，小车桥一二号；**龙园**，徐裕龙，小车桥三四号；**西茗园**，吴成发，上西大街一三号之乙；**福兴楼**，杨士贵，圣塘路九六号；**俞阿高鹤记**，俞阿高，昭庆路三六号；**沈永利**，沈爱珍，石塔儿头七〇号；**复兴居**，吴泉生，石塔儿头四二号；**红园楼**，朱锡贵，洋芳桥五二号；**同乐园**，刘连喜，松木场四五号；**爱香居**，林志诚，流水桥四八号；**复兴园**，郑纪兴，松木场六八号；**惠芳园**，王德顺，松木场九五号；**天泉楼**，叶品慎，松木场八四号；**三元居**，葛阿多，松木场一八号；**集贤居**，岳杏香，岳坟街四八号；**栖霞阁**，岳邦臣，岳陵市房三一号；**灵山第一**

楼，林芝臣，灵隐路三七号；**福兴园**，陈维贤，灵隐路四九号；**永福居**，李志祥，上茅家埠二九号；**第一楼**，马永淦，上茅家埠五七号；**仙乐园**，吴仁龙，竹竿巷一一一号；**得兴居**，尉元福，井字楼一号；**福兴居**，周永福，竹竿巷三五号；**长春楼**，郑永福，和合桥三五号；**悦香居**，钱金富，和合桥六八号；**同春园**，胡小荣，木场巷一号；**升连阁**，胡宝荣，竹竿巷六号；**迎园**，周庚生，司马渡巷一一八号；**忠孝园**，赵庚生，大福清巷七七号；**林福居**，林阿二，联桥大街四号；**三义居**，董广生，皮市巷二七四号；**畅园**，陈志海，皮市巷二七三号；**聚兴园**，楼宝福，忠清巷一〇号；**四海平阳楼**，朱炳林，肃仪巷四号；**文兰阁**，韩双福，肃仪巷三一号；**东园**，王阿四，东青巷一〇号；**鸣鹤楼**，江永全，菜市桥七号；**庆春阁**，张柳淦，菜市桥南河下五三号；**桂福园**，陈传生，菜市桥北河下一三号；**太平话畅园**，朱瑞庭，庆春路一九六号；**德兴居**，王金钰，庆春路九二号；**恒利居**，徐德宝，庆春路六八号；**楚芳楼**，楼小奎，楚方巷珠碧弄口三七号；**仙福居**，谢宝茂，庆春路二九号；**得胜居**，张炳元，太平门外七一号；**许外标**，许外标，太平门外五四号；**得仙茶店**，张阿荣，太平门外一四号；**同福**，陈长华，七堡六三号；**同庆**，张阿毛，七堡五六号；**同兴**，姚备昌，七堡五一号；**永升昌子记**，吴子浩，七堡一四一号；**七堡茶店**，朱长谦，七堡一六一号；**招宝居**，沈炳生，东街路五九五号；**龙翔居**，张燮斌，东街路六三五号；**东鑫园**，杨金邦，东街路七四七号；**寿芳居金记**，金祖亨，东街路六九一号；**三合居**，裘朱氏，东街路七〇三号；**长乐春**，何友生，东街路七〇号；**东华春**，丁启贤，东街路八〇九号；**奇园**，楼宝元，东街路八七三号；**龙凤居**，孙友顺，东街路小菜场三号；**湖园**，倪志兴，东街路九三三号；**仙乐园**，马荣兴，东园巷六五号；**聚源楼**，孙华利，东街路九八七号；**乳雪楼**，钱宝华，东街路一〇三〇号；**春仙楼**，赵天桂，东街路一一〇五号；**学政居**，洪其焕，宝善桥一四号；**东园**，邵友忠，东街路一一五二号；**香园**，李洪昌，东街路一六三号；**集贤居**，潘阿牛，东街路一一〇一号；**回春居**，谢阿发，东街路一一九三号；**顺风居**，沈长根，艮山门外吊桥街四号；**得意居**，盛

■茶馆

杭州老字号系列丛书·茶业篇

■茶摊（20世纪30年代）

胜宝，艮山门外吊桥街三八号；**顺兴楼**，陆少堂，河上三号；**明月楼**，王阿龙，河上二七号；**清华园**，胡金海，河上三三号；**凤椿楼**，任锦福，河上四七号；**春仙居**，李振华，河上六三号；**长兴园**，杜炳有，河上六九号；**春香居**，杨森泉，河上一〇〇号；**陈裕生**，陈裕生，闸弄口一五号；**协和春**，黄子清，闸弄口一二号；**朱财贵**，朱财贵，闸弄口六号；**张维达**，张维远，机神庙前一九号；**得胜园**，张得胜，艮山车站四号；**松乐园**，叶松盛，艮山车站七一号；**春和园**，胡士钊，尧兴桥河下四一号；**同春园**，李阿堂，尧兴桥河下三三号；**德兴园**，魏德培，尧兴桥八三号；**得意居**，徐小有，彭埠街三五号；**广和居**，俞明高，彭埠街八七号；**顺发居**，沈阿根，彭埠街五七号；**聚元馆**，章泉林，彭埠街一五号；**谷悦来**，谷成富，彭埠街一〇八号；**庆春居**，黄文连，彭埠街八三号；**胜华园**，沈玉顺，彭埠街七号；**连香春**，吴金奎，下菩萨一一一号；**春福居**，杨阿春，下菩萨一〇二号；**顺风阁**，袁子祥，下菩萨八九号；得胜

■乡村茶馆（20世纪30年代）

园，张得胜，下菩萨一三二号；**鲁永如**，鲁永如，枸桔弄一一〇号；**孔宪祥**，孔宪祥，枸桔弄一一三号；**雅叙园**，陶德标，枸桔弄八四号；**胡兴隆**，胡克利，枸桔弄七三号；**聚仙居**，骆荣福，白石庙四二号；**洪记**，袁洪顺，里仁桥四〇号；**仁记**，夏来宝，白石庙九九号；**庆春园**，吴炳生，笕桥横塘一五号；**夏详记**，夏必祥，笕桥横塘七号；**永清园**，李永清，宣家市七二号；**聚仙楼**，朱文玉，宣家市一二四号；**逸仙楼**，郁凤兴，宣家市一〇二号；**燕乐园**，李凤鑫，宣家市八三号；**陶瑞顺**，陶金连，宣家市一一一号；**许增有**，许增有，**宣家市一二〇号**；连福居，林绍棠，白石庙六二号；**得胜居**，潘朝金，白石庙六九号；**共和园**，张云庆，笕桥街一〇一号；**周顺兴**，周阿兴，笕桥街一一六号；**成大智记**，徐福智，笕桥相婆弄一一号之丁；**月兰阁**，俞维庆，笕桥街二一四号；**潘镇泰**，潘春富，笕桥街二二五号；**一枝春**，孟子连，笕桥街二六六号；**三和泰**，李秉仁，笕桥街一四一号；**聚仙楼**，陈志隆，笕桥街一二九号；

李聚源，李长寿，笕桥湾弄一一号；**群芳**，诸承烈，笕桥街一二二号；**吴协兴**，吴培庆，笕桥街一七三号；**仙乐春**，姚何宝，笕桥街一六〇号；**聚乐园**，沈炳其，笕桥街一九七号；**宗华园**，严小鳌，新坝一三号，欢乐园，来炳焕，体育场路一五号；**聚宝园**，沈焕章，新桥桥弄一号；**平安园**，沈以根，新桥桥弄五号；**聚兴园**，范阿栋，新桥横街三六号；**震和园**，方金宝，太平桥横街二一号；**一兴居**，吴兆林，太平桥横街三七号；**聚乐园变记**，孙变堂，海狮沟一一八号；**叶园**，华来友，叶面巷口二三号；**龙园**，韩阿堂，大营前四三号；**华芳**，任文元，大东门一一五号；**同福园**，俞顺宝，破混堂巷二〇号；**万云楼**，王琢璋，大东门四三号；**德星阁**，单金水，大东门二〇号；**大东园**，谢水根，福圣庵巷二九号；**永乐园**，朱兴发，白莲花寺前二二号；**增乐居**，何福义，三角荡一四号；**来乐居**，来毛毛，贡院西桥二号；**青云阁**，徐锦水，青云街三二号；**乐园**，黄兰生，永宁街八七号；**义顺园**，陶永法，珠冠巷三七号；**长庆园**，叶守怀，长庆街三七号；**共和园**，方金荣，长庆街九五号；**鸿园楼**，顾开法，长庆街五八号；**也是园**，张柳安，仙林桥八号；**聚来园**，陈金生，仙林桥七九号；**开元楼**，冯配林，同春坊一〇一号；**福兴园**，周永福，孩儿巷九号；**福寿园**，王有财，孩儿巷一五号；**聚乐园**，马得泉，柳营巷三〇号；**六桂轩**，陈金华，孩儿巷九〇号；**华记**，华长春，孩儿巷一五六号；**福兴阁**，蔡毛毛，孩儿巷一九六号；**新春阁**，徐学清，孩儿巷二二六号；**长春园**，罗连桂，长寿路一五号；**日月楼**，刘明章，龙兴路一八号之丁；**得意楼**，娄阿裕，贯桥一五号；**春乐园**，石永华，武林门一一号；**流顺园华记**，沈裕华，武林门三九号；**得胜居**，陈桂林，万寿亭一〇六号；**仙乐居**，何云才，体育场路一八五号；**景春园**，倪孟潮，体育场路一三七号；**芝兰室**，王来友，宝极观巷一五〇号；**顺兴阁**，来顺福，凤凰街二三号；**福寿居**，张正土，麒麟街二七号；**顺兴居**，蔡庆林，宝极观巷三八号；**永济楼**，周弓氏，下仓桥三二号；**复兴园**，张阿四，下仓桥七〇号；**罗东记**，罗福林，百井坊巷二五号；**荣华**，麻金华，百井坊巷一四八号；**来扇馆**，钱厚斋，狮虎桥二六号；**得月楼公记**，陈梅春，清

176

远桥八号；**万春楼**，李连生，清远桥五号；**源盛楼**，王阿茂，清远桥三七号；**三和阁**，陈阿才，清远桥五六号；**郭仙楼**，郭世昌，西街二六号；**乐园**，罗锦祥，王衙街五二号；**华园**，李宝华，贯桥一一六号；**三元居**，陆阿毛，观巷九号；**聚兴楼**，张毛毛，小学前三三号；**程记**，程根寿，屏风街三九号；**双乐居**，陶兆林，玄坛弄二一号；**华兴园**，江阿耀，武林门外一三号；**兴隆园**，朱章发，武林门外五〇号；**仙月居**，陈荣根，武林门外五八号；**椿雅园**，林爱宝，武林门外六八号；**金谷园**，葛金桂，青龙街一一号；**畅园**，裘张复，半道红三五号之丙；**王永记**，王永林，清河闸一六号；**清河园**，黄兴培，清河闸三一号；**永福居**，沈元福，清河闸八七号；**连胜阁**，王兴富，木梳弄四一号；**仙乐园**，潘瑞宝，木梳弄四三号；**泉复居**，童爱堂，关帝庙四号之丙；**馀庆楼**，汪明才，双辉弄二〇号；**瑞芳园亨记**，张亨章，清潮寺牌楼二一号；**吕全茂**，吕全茂，馀塘巷九号；**三元居**，梁阿宝，清潮寺牌楼三七号；**万云茶店**，张维氏，夹城巷口一五〇号；**和合楼**，蒋福庆，夹城巷八八号；**得胜居**，马金田，夹城巷三二号；**友福居**，蒋福康，夹城巷二三号；**升福居**，赵洪喜，夹城巷一七号；**万和居**，裴阿春，清潮寺牌楼七一号；**左仙楼**，陈德发，左家桥五二号；**源源楼**，董金花，左家桥一一二号；**得意楼**，梅阿炳，宝庆桥五一号；**渭清楼**，邵秀梅，大夫坊一号；**香楼**，徐松瑞，大夫坊九一号；**长乐和记**，陈和庚，卖鱼桥六五号；**德胜楼**，何阿吕，信义巷一七号；**振兴园**，王振荣，信义巷六号；**荫椿园**，吴阿根，信义巷一八号；**一枝香**，姚荣生，信义巷一九九号；**曲江楼**，秦宝泉，珠儿潭八号；**万荣阁**，郑双泉，珠儿潭一七号；**日月楼**，陈和庚，珠儿潭二二号；**娱乐**，周宝珊，娑婆桥五号；**珠仙楼**，刘开光，娑婆桥六六号；**明园**，蔡瑞峰，娑婆桥一七号；**聚兴园**，沈锦林，娑婆桥一四三号；**天渊楼**，陈郁堂，明真宫二号；**得意楼**，陈阿毛，康家桥九号；**新园**，冯庆泉，康家桥四二号；**万乐园**，邵阿炳，康家桥三七号；**太平楼**，沈发财，北星桥二号；**紫荆园**，张开印，紫荆街一〇〇号；**漱芳园**，曾锡光，紫荆街一二八号；**泉乐园**，王阿水，紫荆街九七号；**共和园**，孙起友，紫荆街二号之

杭州老字号系列丛书·茶业篇

■ 杭州茶业会馆旧址，新中国成立后为闸口派出所

甲：**大补经楼**，李文治，华光桥直街五号；**小补经楼**，龚士桂，华光桥直街一四号；**龙凤居**，许有财，华光桥直街一四号；**宝兴园**，章洪贤，华光桥直街二二号；**顺兴居**，祁明梁，华光桥直街五二号；**万春园**，吴春潮，大兜二四号；**协昌**，谢永钦，大兜五八号；**林兴阁**，林基慎，大兜七九号；**四海一聚楼**，钟尔鑫，艮山老车站七号；**云来阁**，宦阿文，登云桥河下三号；**登云楼**，倪干臣，登云桥一号；**龙云楼**，邱福三，大同街四三号；**叙乐园**，李德和，大同街七二号；**春乐园**，杨锦文，大同街九一号；**复大成**，董大成，大同街一二九号；**沧园**，楼金水，永宁街二一号；**瑞馨楼**，沈永泉，碑牌弄八号；**登云阁**，戚炳铨，碑牌街一二号；**飞丹阁**，娄阿高，裕兴街三七号；三雅园，钱浩弟，裕兴街二八号；**拱北楼**，周念八，杭州路九五号；**悦来阁**，鲁阿其，杭州路七一号；**醒狮台**，童大本，杭州路一三六号；**浙江第一楼**，李鸿生，杭州路一五〇号；品

芳，王金宝，杭州路一五八号；**长春园**，王长春，大马路七号；**会仙阁**，胡宝林，大马路一四号；**聚仙园**，卢阿奴，大马路河沿三七号；**第一楼**，俞阿德，桥弄街三三号；**兴兴阁**，洪长庆，桥西街一四〇号；**得意楼**，洪长庆，桥西街一一三号；**顺兴**，王华刚，桥西街一三四号；**瑞仙园**，吴阿富，桥西街三七号；**同春园**，王克其，桥西街二七号；**项乐春**，项阿生，笕桥浜河头二二号；**挹翠轩**，傅锦春，六公园；**德胜园**，胡伯清，菜河桥一〇号之甲；**金华茶社**，陈宝林，涌金门直街一七号；**来发**，潘来发，城隍庙头门；**金永昌**，金陶春，上天竺长生街三四号；**沈公记**，沈炳生，上天竺长生街六六号；**金乐园**，金朝兴，松木场河东一四八号；**兴平居**，赵金宝，松木场河东一七六号；**顺风居**，陈裘荣，松木场河东一二四号；**三元居**，俞双喜，松木场河东一九一号；**松月园**，刘阿兔，松木场河西二一三号；**水仙楼**，陈贤德，松木场河东一一四号；**元兴居**，林祥顺，松木场河西一一八号；**松鹤亭**，梁柏荣，松木场河东二七五号；**增乐居**，蔡圣章，松木场河东二八五号；**兰香阁**，黄福梁，东坡路五二号；**三星茶园**，周亨林，二圣庙三一号；**梦月楼**，徐雪标，清泰路一二号之乙丙；**顺兴居**，邬德兴，七堡横街四三号。

民国时期杭州还有无数乡间小镇，有着无数乡间茶店。在晚清《图画日报》上摘录了杭州的水乡茶馆图画。

◎民国时期杭州的茶业组织

杭州既是中国最著名的茶叶产地，又是中国最重要的茶叶集散地和消费地。民国时期各地茶商云集杭城，茶行、茶庄遍布，茶店、茶馆林立。晚清杭州茶业市场雏形初现，至民国茶庄、茶馆一多，发展渐趋完善，自己管理自己的茶业组织应运而生。

杭城的茶业组织颇多。据1933年《杭州市经济调查》载，一为设在候潮门外九五号，创立于清光绪年间的四省茶商会馆。此会馆由浙江、江西、安徽、福建四省山客组成，故又名山客会馆。在未成立会馆之前，每届茶市，各省茶户运销

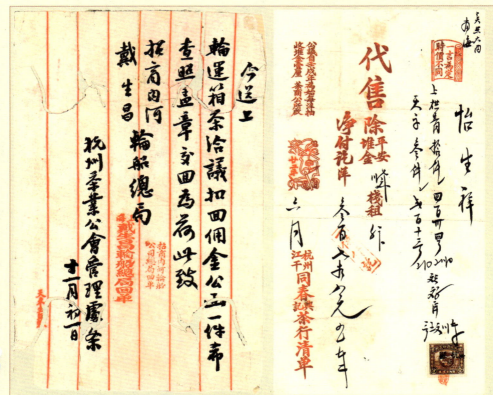

■左 杭州茶叶公会管理处致上海戴生昌轮船总局运箱茶佣金函
■右 1933年杭州江干同春兴记茶行清单，上有茶商印鉴

杭市或转运他处之茶，常因天潮发霉或被水浸湿，苦于无处烘焙，加以常受茶行及水客过秤之垄断，因受种种痛楚，遂产生成立会馆之念头。会馆经费由货值每千元抽一元，名曰"堆金"。二为设在枝头巷一九号，创立于清光绪十二年（1886），由杭城各茶叶店组织的茶漆会馆。经费由各茶叶店按甲、乙、丙三等按月捐助。甲等每月1.2元，乙等每月0.7元，丙等每月0.4元。茶漆会馆专以调解同行或伙计间纠纷、评定茶叶市价为任务，因徽帮茶店均带卖生漆，故称茶漆会馆。三为设在候潮门外，创立于清宣统二年（1910），由杭城茶行和各处水客组成的"茶业会馆"，又名"水客会馆"。经费由行客两方捐助，以调解纠纷、联络感情为宗旨。四为民国十七年（1928），由茶行、茶店、漆店联合组织的"茶漆业公会"。此组织虽被动成立，仍属行自为行，店自为店，

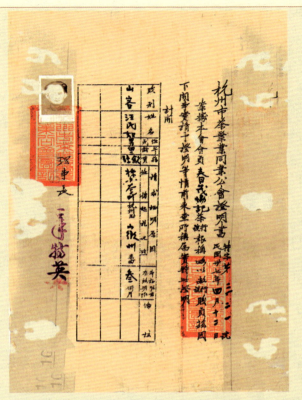

■1948年4月12日，汪民如持有之"杭州市茶叶业同业公会证明书"

不相联络。所谓公会，反而是虚名而已。

另外，据商务印书馆发行的1929年出版《西湖游览指南》记载，尚有江干的茶业会馆、枝头巷的茶漆会馆、候潮门外的茶业公会。

1928年1月13日的杭州《市政月刊》刊有《批杭州市拣茶工会呈送劳资妥洽条件请立案由》，证实杭州市还有拣茶行业的劳工组织。

1935年的《杭州市市政特刊》刊登了1930年后杭州开始陆续成立起九十余家同业公会，与茶业有关的有：茶漆业，设候潮门外，有商家44家；茶店业，设新市场雅园茶店，有商家375家；茶箱业，设后市街，有商家30家。

1946年6月的《杭州指南》刊登有杭州的同业公会，其中有关茶业的有：茶漆业，负责人吴琴轩，地址枝头巷；茶馆业，负责人傅聚文，地址丰禾巷。

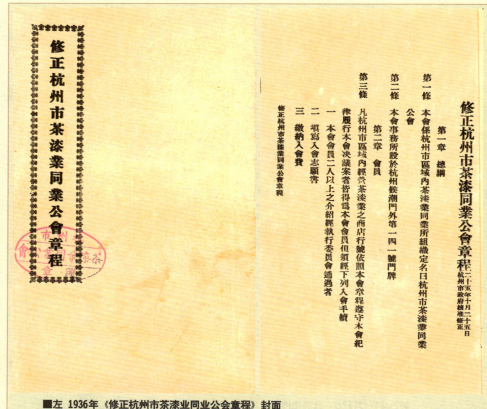

■左 1936年《修正杭州市茶漆业同业公会章程》封面
■右 1936年《修正杭州市茶漆同业公会章程》

  杭州方正大茶庄账册中关于支付杭州茶漆会馆、茶业会馆和茶漆业同业公会会费的记载，反映了杭州茶业行业公会的演变。汪民如持有"杭州市茶叶业同业公会证明书"，证明书上理事长为童特英；杭州茶业公会管理处致上海戴生昌轮船总局运箱茶佣金函，说明茶业公会不仅自己管理自己，还兼做茶叶生意。

  1936年10月25日杭州市政府核准《修正杭州市茶漆业同业公会章程》。此章程八章，分别为总纲、会员、组织、职员、会务、会议、经济、附则，非常规范、全面，便于运作。其时会员入会费分甲、乙、丙、丁、戊五等，从五十元至五元不等，会员月费分甲、乙、丙、丁、戊、己、庚、辛、壬、癸，从十元至四角二分不等。

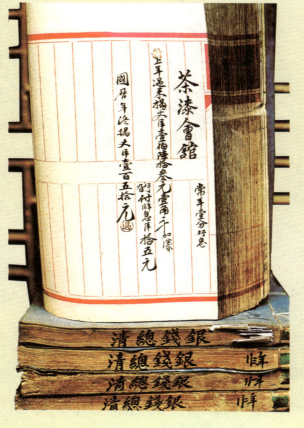

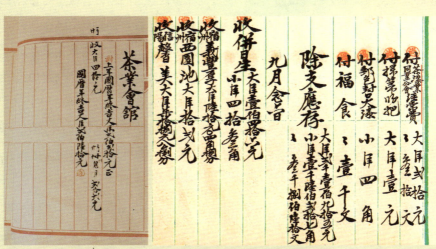

■方正大茶庄账册中有关茶漆会馆、茶叶会馆和茶漆业同业公会的记载

183

■杭县塘栖镇茶业工会会员证章

　　杭州江干同春兴记茶行的清单左上角加盖有"公议自壬戌年为始，每洋抽收堆金壹厘，茶商公所启。"壬戌年即1922年，此茶商公所即四省茶商会馆，所抽堆金比例也与调查相同。

◎民国时期茶业纸币

　　民国时期，由于辅币不足，一些行业的商家自制纸质和铜铅辅币。这些货币是研究民国金融史很珍贵的实物，也是商家惨淡经营的见证。杭州的老茶庄也曾印制过不少辅币，星转斗移，岁月沧桑湮没，留存下来的凤毛麟角，"杭州方立大茶号壹分、贰分、伍分代用币"是其中之一。方立大茶号代用币，具体印制于何时，现已无从考证。代用币的正面以西湖博览会入画，当在1929年西湖博览会之后。

　　清末商家大多使用盖满防伪标记和印戳的钱庄票，光绪七年（1881年）四月，春源隆钱庄为浙省亨大茶庄开具的钱庄票上有印戳20种。此类钱庄票在晋商的根据地山西平遥较多，浙江极少，茶庄更少。

　　杭州宝善大街久聚茶店"存买货找铜钞肆枚"代用币两侧各有"利字第343号及中华民国十二年月日，本号因铜元缺乏，特为便利交易起见，此券只能买卖找零，不作他用"字样。上梯形中还有"概不兑现"四字。这枚代用币时

杭州老字号系列丛书·茶业篇

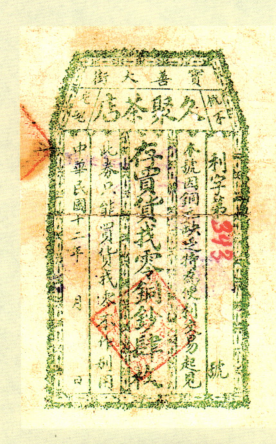

■1923年，杭州久聚茶店代用币

间较早，是杭州商业史、茶业史、金融史上不可多得的实物。

　　旧中国除中央、中国、交通、农民四家由中央控制的银行外，还有数以千计的商业银行、地方银行和银号，他们都发行过纸币。但与茶业有关的银行纸币仅"中国丝茶银行"一种。中国丝茶银行1925年发行有蓝色壹元币、橘色伍元币、绿色拾元币，正面均为采茶图，背面均为抽丝图。1927年还发行过壹角和贰角两种纸币。中国丝茶银行由张子青等发起，创办于天津，1925年12月批准，1926年1月开业，属于股份公司性质，经政府批准特许有纸币发行权。该公司业务于1928年5月结束，存在仅两年零四个月。其纸币存世已很稀少。

茶业篇

HANGZHOU TEA TRADE HISTORY

杭州老字号系列丛书·茶业篇

◎因茶而兴的转运业、过塘行、报关行◎

陆

○因茶而兴的杭州转运业 过塘行 报关行○

杭州百年茶业，不仅因龙井御茶、茶之至尊，还有天下茶商云集，茶行、茶馆遍及杭城。千年以来，杭州还是徽赣茶的集散地。涛涛钱江茶路载来上江徽赣茶，京杭大运河、浙东运河将杭州龙井茶、徽赣茶运注上海、江苏，又将苏茶运来杭州。杭州茶业的繁荣又促进了杭州转运业、过塘行、报关行的发展。

■ 从东向西拍摄钱塘江上的六和塔（20世纪20年代）：六和塔曾是宋元杭州海船的航标

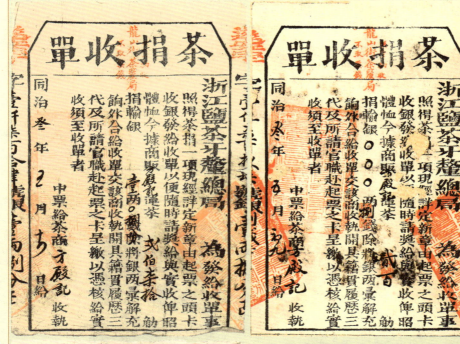

■上左 同治三年（1864）浙江盐茶牙厘总局茶捐收单。盖有遂安"龙山街茶厘局"印章
■上右 同治三年（1864）浙江盐茶牙厘总局茶捐收单。运茶200斤，收捐八钱
■下 同治十年（1871）浙江通省捐输牙厘总局护票。由浙江严州遂安龙山街茶厘局签发，还盖有"龙山街厘捐局"、"连岭卡查验"印章

◎清代浙江征收徽赣茶税收凭证

这是一组晚清徽赣茶进入浙江境内后，浙江牙厘总局设卡征收茶捐的收单和护票。最早为清同治三年（1864），最迟为同治十年（1871），都有一百多年历史。在此之前，未见任何中外刊物报道。这些茶捐凭证都是由浙江盐茶牙

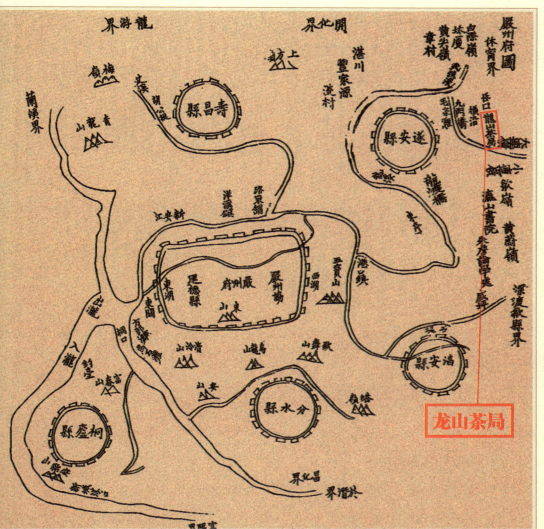

龙山茶局

■光绪十六年（1890）《浙志便览》之"严州府图"，图中右上角标有"龙山茶局"，是专门征收过往茶商税收的

厘总局或浙江通省捐输牙厘总局颁发的，因此由浙江征收，而且都盖有进入浙江的第一关——遂安县龙山茶厘局的关防大印，沿途而下还有"严州府东关厘局"、"连岭卡查验"等关卡红印。上图是光绪十六年（1890）《浙志便览》之"严州府图"，中右上角标有"龙山茶局"，是专为征收过往徽赣茶商税收而设置的，直至民国还存在，而且每年茶叶税收数额不少。

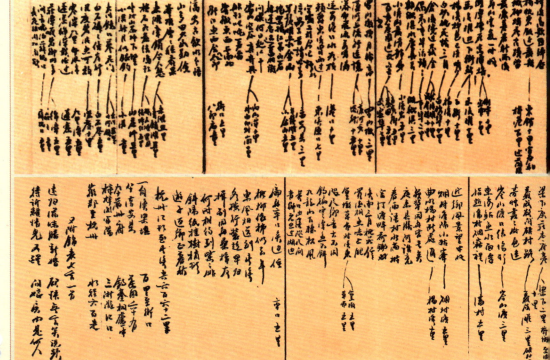

■壬申年（1932）菊月立杭州至屯溪水程折

◎杭州至屯溪水程折

上图是壬申年（1932）菊月立《杭州至屯溪水程折》。笔者也有一件，粘贴有民国长城图壹分税花两枚，盖有"义林斋开盐城（江苏）城内西门内大街"的红印。从杭州到安徽屯溪水逆流而上水程要一个多月，沿途虽风光如画，但是终日蜷于舟内，毕竟枯燥，于是有人写就了《杭州至屯溪水程折》，当即为广大客商争相传抄。水程折采用七言律诗记述，共有146句，1022字。两本水程折大体相同，但略有差距。起首写道：

归途昨夜宿江头，风送钱塘一叶舟。

夜静潮声新月上，六和塔影水中浮。

秋高气爽的菊月，安徽茶商从杭州启程返回家乡，头晚宿在钱塘江畔、六

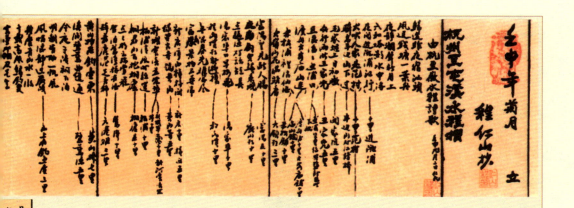

和塔下。接下去水程折写道：

> 舟行进陇近黄昏，犬吠人家是范村。
>
> 孤帆几幅随风转，毛家埠上月初暾。

舟行一日一夜方到范村、毛家埠。

> 江分浙水王家陡，巨浪滔滔鱼哺口。
>
> 大安渡层庙家连，赤松浦里沽仙酒。
>
> 杨家埠口早梅芳，程氏坟头新绿柳。
>
> 富春上景图画中，无限春光看不足。
>
> 火岭山下满路鱼，富阳遥望断人肠。
>
> 鹿山渔父归来晚，对鱼挑灯话短长。

从杭州到富阳几乎要四天，真是游子归家心切，"富阳遥望断人肠"。

水程折以杭州至屯溪水路沿途风光和水程为题材，记载的沿途地名还有新若湾，窄溪、柏浦、桐君山、钓鱼台、严陵矶、胥口、严州（建德）、马没滩、杨溪、小溪山、瓦窑、多山墩、遂安、淳安、羊鬃滩、仰林岗、威坪、王家潭、深渡、薛坑口、南源、浦口、康庄、潘村、杨村、富汀渡、牛鸭滩、半口溪，行程达一多月，"斜阳低挂树梢头，游子返乡正著秋"，方到屯溪。沿途沽酒、品茶、吃鲥鱼、观猕猴，都是今天很难见到的风光。

杭州老字号系列丛书·茶业篇

■白塔（20世纪初）

　　杭州既是通过钱塘与皖赣交流之枢纽，早在唐宋时期，浙东运河更是中日韩茶禅交流的窗口，难怪吴越王钱弘俶一次陪同僧人契盈登碧波亭，面对亭下"舟楫辐　，望之不见首尾"的航船时，不无得意地夸耀"吴越地去京师三千里，而谁知一水之利有如此耶"。建于钱塘江北岸月轮峰上的六和塔，原是吴越国王的南果园，北宋开宝三年（970），钱弘俶舍园建院，并建院塔，即六和塔。六和塔院又称开化寺，外观十三木檐，六层封闭，七层与塔身相通，白天横空突起，跨陆俯川，黑夜顶层装置明灯，成为钱塘江上海内外航船的航标指南。

　　耸立在钱塘江边闸口白塔岭上的白塔，与六和塔遥遥相望，塔旁原有白塔寺。北宋大文学家范仲淹曾为杭州知府，有《过余杭白塔寺》。诗曰："登临

■六和塔（自北向南　20世纪初）

杭州老字号系列丛书·茶业篇

■闸口（1935）

■龙山闸，背景是白塔，通过龙山闸，进入龙山河，可直达杭城

江上寺，迁客特依依。远水欲无际，孤舟曾未归。乱峰藏好处，曲鹭得闲心，多少天真趣，遥心结翠微。"白塔是吴越时期仿木结构建筑中最精美的一座，有极高的观赏价值。但在此应特别书上一笔的是，自南朝此处成为渡口以后，历经隋、唐，杭州均是州治所在，五代吴越国、南宋时杭州又为京城，白塔附近成为杭州钱塘江最重要的渡口。白塔岭前有龙山河，河上有桥，水陆两路来杭均经过白塔岭，行人熙攘，在白塔处还能买到作为导游的地经（地图）。有诗为证："白塔桥下卖地经，长亭短驿其分明。如何只说临安路，不数中原有几程？"虽是对南宋偏安江南的讽刺，但也说明当时从钱塘江边进入京师必经之地白塔的繁忙。遥想当年，荣西、俊芿、圆尔辩圆、南浦诏明发……多少日韩高僧都经过至今还存在的白塔桥边，来到杭州，拜谒灵隐寺，品茗龙井茶，进行茶禅交流。又有多少徽赣客商经过白塔岭，通过龙山河来到杭州。

◎百年杭州茶叶过塘行

在杭州惊现了一件一百五十余年前清道光三十年(1850)浙江省布政使司颁发给杭州封引茶叶过塘行阎鹏九的牙帖。

"牙帖"原件长99厘米×高64厘米（见第197页），分成两块，右侧是"牙帖"，左侧是"官牙"。所谓"牙帖"，即今"营业执照"，是店家商行交纳税金后，官府颁给商家开业之官凭。右侧的一块牙帖宽60厘米×高63厘米，上端梯形黑框中有"牙帖"二字，下面右侧是官府的纳税文告。左侧有毛笔填写"钱塘县封引茶叶过塘 "、"阎鹏九"、"肆钱"、"美政桥"、"的名永康"等字样。说明这件牙帖是道光三十年九月初三，由浙江省布政使司颁发给杭州府钱塘县封引茶叶过塘行阎鹏九的营业执照。阎鹏九的茶叶过塘行在杭州钱塘江边的美政桥，按规定交纳税银肆钱后，获得牙帖。

左侧一块为"官牙"，宽39厘米×高64厘米。上面梯形黑框内为"布政使司"四个大字，下面正中有"官牙"二字。"官牙"除所填文字与牙帖雷同

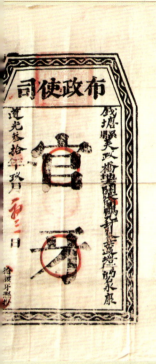
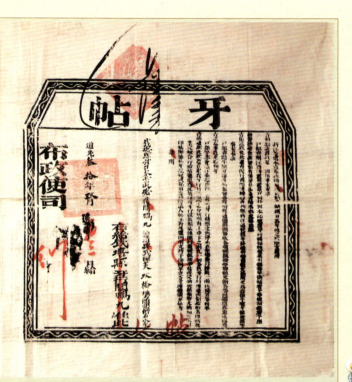

■道光三十年（1850）九月初三浙江省布政使司颁给钱塘县美政桥阎鹏九封引茶叶过塘行之牙帖

外，末尾还有"给该牙悬挂"字样。"牙帖"和"官牙"都盖有正方形浙江省布政使司的关防大印，装入镜框悬挂在店堂之中，和今天的营业执照具有同样功能。

所谓的"茶叶过塘行"，即专司茶叶运输的商行。150年前的杭州不仅盛产龙井贡茶，为康熙、乾隆、嘉庆历代皇帝所钟爱，也远销日本、欧美及世界各地。杭州同时又是茶叶集散地，安徽、江西、福建、湖南的茶叶通过钱塘江上游辗转运抵杭州，既在杭州消费，又通过杭州转上海出口。与此应运而生，杭州不仅西湖四周茶山遍野，杭州城的茶行、茶庄林立，品茗龙井茶的茶馆、茶店密布，运输茶叶的过塘行，生产茶箱、茶罐的茶箱业也是生意兴旺，这些都有大量的照片、实物遗存和文字记载，但最古老的文化遗存当数这件"牙帖"了。

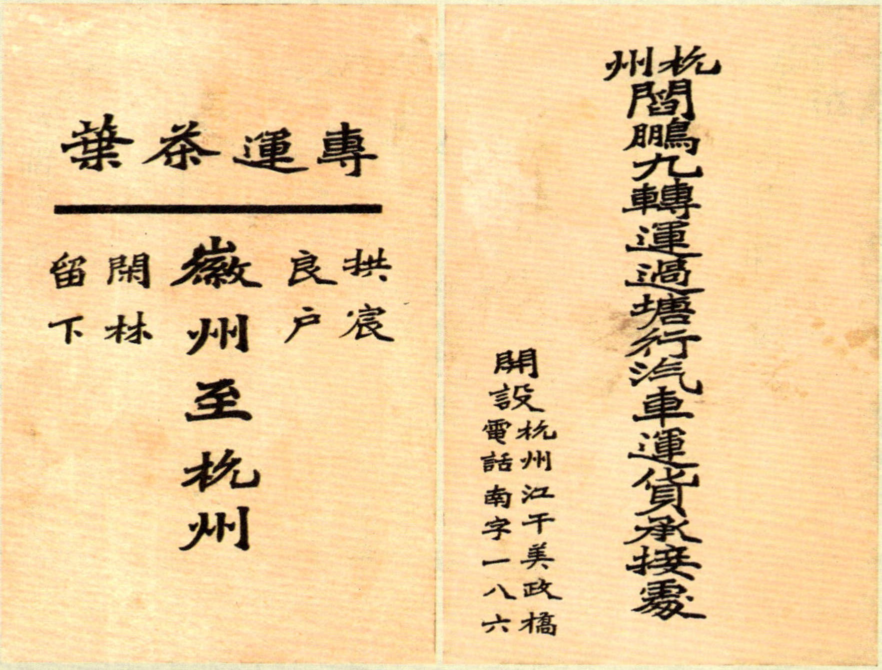

专运茶叶

徽州至杭州

拱宸良户 阊林留下

杭州阊鹏九转运过塘行汽车运货承接处

开设杭州江干美政桥 电话南字一八六

■杭州阊鹏九转运过塘行汽车运货承接处名片

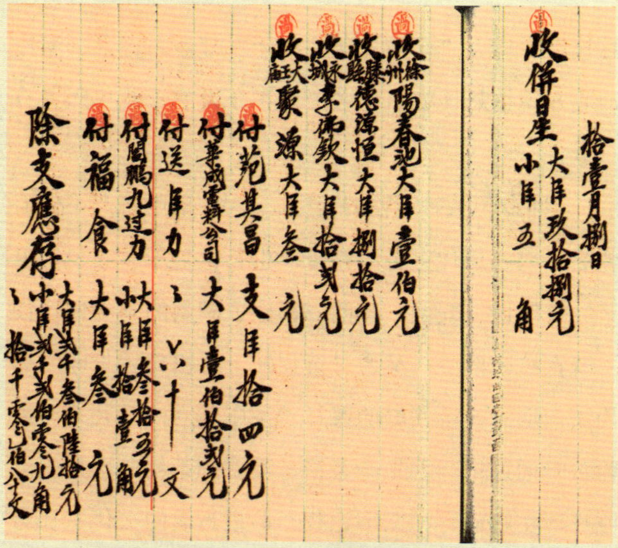

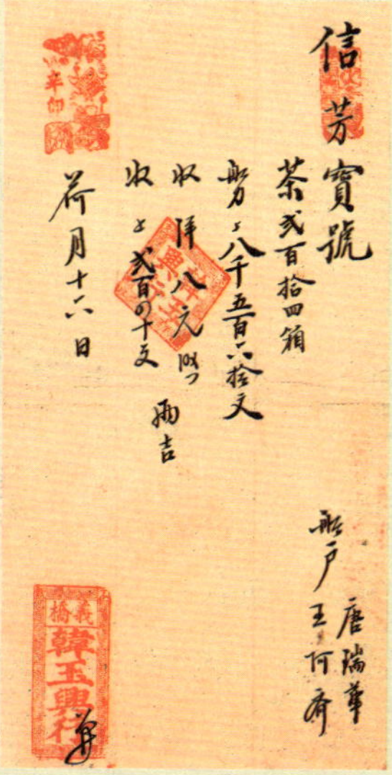

■左 杭州方正大茶庄账册，有"付阊鹏九过力"字样
■右 光绪辛卯年（1891）萧山义桥韩玉兴运茶清单

民国时期"杭州阎鹏九转运过塘行汽车运货承接处"名片载其地点仍在杭州江干美政桥，背面有"专运茶叶，徽州至杭州"等字样。查1946年《杭州市经济调查》，依然有阎鹏九转运过塘行，该行此时已有百年历史。

杭州方正大账册内有"付阎鹏九过力，大洋叁拾五元，小洋拾壹角"字样。可见在20世纪40年代，还存在着杭州阎鹏九转运过塘行，从一个侧面反映了杭州茶业的兴旺。

1933年11月初版，由国民政府实业部国际贸易局编纂之《中国实业志·浙江省》有对牙行的解释：照我国向例，凡经营行栈，代客买卖营业者，必先请领部帖，分等纳税，然后始能开业，故凡领有此种部颁牙帖之商行，概称为牙行。浙省牙行在前清时代，本限于请领部颁帖者一种，此外如丝茧行由司给发谕单，钞户由司给发季钞执照，两者均不在牙行之列。自辛亥革命后，经临时省议会议决，捐换牙帖简单，所有向领部帖谕单钞照者，一概统称牙行。国民政府成立以后，照浙江省政府所颁浙江省征收牙行营业税章程，又规定凡以代客买卖收取牙佣为业者概称牙行。

牙行之成立，以请领牙帖及缴纳捐税为最主要手续。请领牙帖，共分两种：一是年换牙帖，一年一换；二是季换牙帖，一季一换。请领牙帖时，需取具该地殷实商号三家保结，转请省府财政厅核发。1933年浙江省仅茶叶牙行就有432家，一半以上在杭州。但这两百多家牙行是专司茶叶生意的，并非阎鹏九茶叶过塘行以转运茶叶为业。

以下是一组光绪辛卯年（1891）至1952年杭州过塘行、运输行运输茶叶的实物遗存。

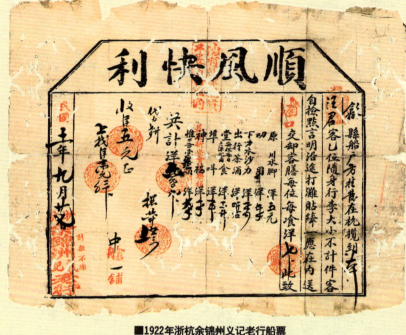

■1922年浙杭余锦州义记老行船票

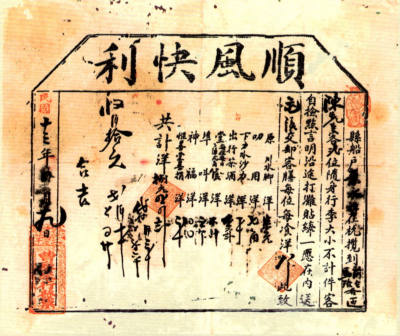

■1924年江干曹泰来行由杭州至屯溪船票

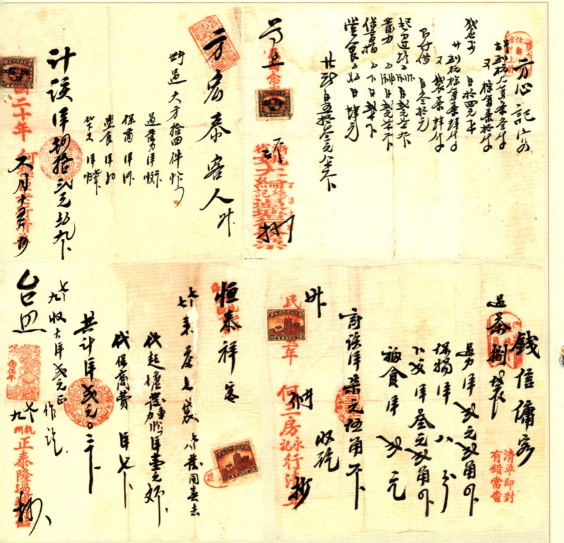

■上左 1931年杭州何枢巨老行运大方茶清单
■上右 1943年杭州姚大纶德记过塘行运输徽茶到杭州发票
■下左 1936年杭州正泰隆过塘行运单
■下右 1936年江干海月桥何三房永记行运茶清单

《浙江新闻》民国二十六年度（1937）《杭州市公司行号年刊》载，杭州

转运业行号、经理、地址、电话为：

复新仁，贾乐山，福元巷四四号，二八九六；慎大，高延龄，福元巷二一

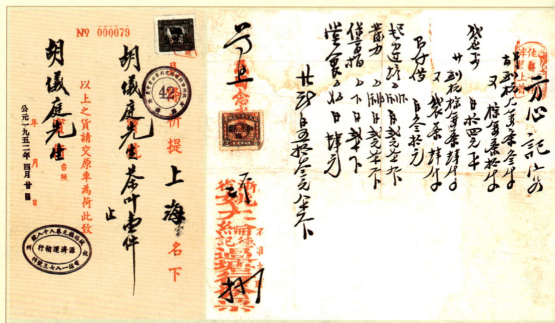

■1952年，杭州源济运输行运茶叶发票　　■1933年，杭州姚大纶德记过塘行运茶清单

号，三四五八；**公益信**，莫春泉，福元巷三六号，一九七二；**永利**，孙永茂，福元巷一八号，一四四三；**汇安**，庄锦炎，福元巷七号九号，二○二四；**安泰**，刘张氏，城站路九号，一五三七；**同利公**，沈庆泉，城站路八号，三六三九；**振益**，杨学藩，灵芝路六号，一三六二；**久安**，倪和臣，金郎中巷六号；**祥元**，顾鼎元，骨牌弄十三号，二六九二；**鸿飞**，曹玮庭，城站福建会馆，一九五六；**达昌**，陈隆基，许衙巷四八号，一三○八；**慎大**，傅德宝，艮山站七号，二一二七；**德记**，任德顺，艮山站十号，二二一○；**公益**，傅吕源，艮山站十七号，二一二八；**慎大**，诸松元，拱埠大河口三七号；**大丰安**，江文庆，拱埠大河口三六号，九○二六；**万利裕**，沈进之，拱埠大河口三七号，九○八五；**日新**，毕祖荫，拱埠车站路三三号，九○一三；**元通**，金树森，拱埠车站路二号，九一三九；**张启记**，张凤，拱埠车站路三四号；**源源公**，胡鹤状，拱埠东登云桥河下一二号；**济成**，杨趾麟，拱埠马家桥七号，九二○三；**泰来鑫**，钟尔鑫，拱宸站四号，九○三六；**慎大**，赵达先，闸口车站前五号，南五二；**宏安**，武楚桢，闸口潮神庙一二号；**信记**，徐福庆，闸口塘上七○号；**鼎**

■左　信余里义记运输行信封　　■右　1936年，江干洪佩文过塘行运篓茶发票

泰昌，韩晋胪，闸口塘上一〇二号，南一五八；**中央**，陈庭，江干警署街一八号；**慎大**，范天益，江干小诸桥三七号，南五一；**永安**，戴凤笙，江干小诸桥里街三七号三八号；**安泰**，李馀庆，江干南星车站前一八号；**瑞大**，赵寿康，江干小诸桥里街一八号；**益大衡**，沈衡年，江干小诸桥；**杨茂兴大房**，杨学政，江干龙舌嘴九二号，南一七六；**源源公**，朱志良，江干梁家桥大街五四号，南一〇五号；**鼎通**，胡菊林，江干南星车站前六五号，南一五〇；**汇通**，周振声，江干南星车站前一二号，南一一五；**商联**，许琪承，江干三廊庙三号；**同昌**，胡桂生，江干兵马司一七号；**大顺**，姚永泉，江干小诸桥里街一八号，南一五九。

《浙江新闻》民国二十六年（1937）《杭州市公司行号年刊》载，杭州过塘行业行号、经理、地址、电话为：

杨二房，杨学仁，江干龙舌嘴，南一七六；**杨茂兴耀记**，杨学伦，江干龙舌嘴，南四四；**公和泰**，沈子元，江干龙舌嘴，南一九四；**隆德泰**，罗俊才，江干龙舌嘴；**慎裕祥**，项春荣，江干龙舌嘴，南一九四；**朱裕记**，朱渭，江干

南星车站前；**协记**，张梅溪，新坝；**源源公**，朱连喜，江干梁家桥，南一〇
五；**泰和**，马渭泉，江干小诸桥；**馀大济**，董兆源，江干南星站前；**项三房**，
项亮丞，湖墅宝庆桥；**章圣华**，章培记，湖墅清河坝；**许广春**，许丙泉，湖墅
小河东村；**德沅祥**，沈炳森，湖墅麒麟街；**卢滨记**，卢泗滨，湖墅凤凰桥；**何
玉记**，何子勋，湖墅清河闸；**协大永记**，江傅泉，湖墅半道红；**顾梓丰**，顾子
峰，湖墅新河坝；**振兴公**，盛财富，湖墅枯树南湾；**陈载华**，陈锡顺，湖墅新
河坝；**徐丙记**，钱根潮，湖墅德胜坝；**江世昌**，江荣堂，湖墅小河东村；**江汉
书**，江国振，湖墅小河东村；**大来**，姚德邻，湖墅小河东村；**骆炳记**，骆炳
文，湖墅清河闸；**瑞大安**，沈守仁，湖墅陡门坝；**吴小顺**，吴炳森，湖墅小河
东村；**孙炳记**，孙长炳，湖墅小河东村；**严凤记**，严寿庄，湖墅黑桥；**泰安**，
陆锡增，湖墅清河闸；**方观澜**，方承祖，湖墅清河闸；**沈赞公**，沈李瑞，湖墅
陡门坝；**马士铭**，马士鑫，湖墅新河坝；**永年源**，吕宏，湖墅马塍庙；**汇通**，
赵联法，闸口潮神庙前六二号，南七二；**承兴**，罗增贵，闸口白塔岭；**大丰
安**，沈怡卿，闸口潮神庙；**协济永**，卢德森，闸口潮神庙，南五五；**丙记**，来
丙，闸口潮神庙；**慎大**，赵达先，闸口车站，南五二；**鼎盛**，王选青，闸口小
桥河下；**联泰**，王联奎，闸口里街，南一四一；**协和**，沈步洲，闸口里街；**恒
益新**，任明远，闸口里街，南一四〇；**信诚永**，樊松年，闸口里街；**韩大茂**，
韩佐廷，闸口里街；**吴义成**，吴炳先，闸口里街；**三济公**，陈子坚，闸口里
街，南八四；**和记兴**，项仲山，江干美政桥；**鼎泰昌**，韩晋垆，闸口塘上，南
一五八；**永泰隆**，蔡秀浦，闸口塘上，南七七；**义泰**，倪尧荪，闸口塘上；**韩
大来**，韩子林，闸口塘上，南五九；**韩振昌**，韩伟文，闸口塘上；**信托**，徐福
庆，闸口塘上，南七二；**华兴昌**，吴养泉，闸口塘上；**同丰泰**，施寅仙，闸口
塘上，南六〇；**裕大济**，翟泉源，闸口塘上，南八七；**永大衡**，孙曾泉，闸口
塘上；**徐龙浦**，徐熊祥，闸口塘上，南八；**公泰**，詹鉴榕，江干美政桥；**元盛
协**，沈礼泉，江干美政桥；**赵敬川**，赵耐耕，江干美政桥，南四六；**吕公和**，
徐，江干美政桥；**恒大久**，沈金树，江干美政桥；**沈联昌**，沈联昌，江干小诸
桥；**慎记新**，傅子亭，江干小诸桥；**复兴祥**，周省益，江干小诸桥；**周森大**，
周春发，江干小诸桥；**协义祥**，陶星樵，江干小诸桥；**瑞隆**，俞焕庭，江干龙

舌嘴；**南通**，顾锡权，江干龙舌嘴；**震泰**，侯善标，江干龙舌嘴；**泰和祥**，张德，江干龙舌嘴，南一四九；**同发祥**，王学愚，江干梁家桥，南一六六；**何二房**，周慕良，江干梁家桥，南一五四；**义大**，陈长根，江干梁家桥；**王顺兴**，赵瑞庆，江干梁家桥；**莫财富**，莫子坤，江干梁家桥；**卢德济**，张顺虔，江干梁家桥；**隆兴**，陈增桂，江干警署街，南一八五；**中央**，陈庭，江干警署街，南三九；**来衡济**，来永绥，江干三廊庙，南八一；**运利**，楼启源，江干三廊庙；**商联**，许琪承，江干三廊庙，南九二；**同昌**，胡桂生，江干兵马司；**杨永年**，王仲起，江干小桥塘上，南一八八；**万通**，宁静安，江干小桥塘上，南八六；**永泰源**，陈祖舜，江干小桥塘上，南四一；**大达**，王如生，江干小桥塘上，南二一七；**恒昌**，倪祖宽，江干小桥塘上；**裕大**，叶勇仪，江干小桥塘上，南一六八；**同利玉**，林蕴玉，江干小桥塘上；**德泰祥**，包明德，江干小桥塘上；**公益昌**，孙庆堂，江干小桥塘上，南五四；**晋大昌**，黄本熊，江干小桥塘上；**信成益记**，许印僧，江干闸口小桥河下，南一七八；**洪大房**，方政章，江干红庙前，南一四三；**鲍茂林**，鲍茂林，江干海月桥，南一七五；**公昌和**，孙星三，江干海月桥，南一四五；**永安**，方竹卿，江干海月桥，南一九七；**洪佩文**，洪佩文，江干海月桥，南七〇；**王云生**，王卜三，江干海月桥，南七四；**益隆**，鲍养和，江干海月桥，南一九二；**正泰隆**，刘以禄，江干海月桥，南一八七；**何三房**，汪星樵，江干海月桥；**何枢臣**，徐宝书，江干海月桥，南一二〇；**源大祥**，查步庭，江干海月桥；**鼎大昌**，汪妙根，江干海月桥，南三四；**姚大纶德记**，姚毅全，江干洋泮桥，南一四六；**詹锡记**，詹寅伯，江干美政桥；**同益泰**，戚孚信，江干美政桥。

◎百年钱江茶路旧影

　　以下是一组20纪20年代拍摄的钱江茶路旧影。图中，钱塘江上游的竹筏，仔细观察，竹筏上装载的都是茶包。还有钱江边的古镇，河堰停泊着货船，应是桐庐、富阳一带。《申报画报》刊登的一幅七里泷扬帆旧影。美丽的富春江，点点风帆，钱江茶路，江山如画。

205

■上 钱塘江上游运货竹筏，竹筏上装载的都是茶包（20世纪30年代）　　■下 风帆直下七里泷（20世纪30年代）

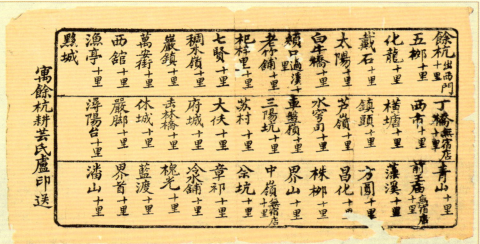

■ **杭州余杭至安徽黟城路程表（晚清）**

◎杭州报关行

　　为配合杭茶、浙茶、徽茶、赣茶的转运出口业务，杭州还有13家报关行，资本总额为26800元，每家平均资本额2061元。

　　报关行之业务，主要为代客办理报关手续，但亦有代客商装卸货物及介绍船只或设置房间，以便客商之住宿，或经营临时栈房以便客商堆货，或代客寄递邮件包裹，办理邮寄手续。

　　报关行营业利益有：（一）佣金，佣金平均每件常在四分左右；（二）垫款利息；（三）报关行代商人估税项，实际上报关行还有折扣，例如商家轮船水脚，报关行多有一四扣。此外如专代客邮寄货物之报关行，则除邮票关税外，报关行每包常取手续费若干，杭州此种报关行，手续费自一角二分至二角不等。

　　1933年，杭州报关业行名、资本额（元）、营业额（元）为：永发源，4000，11200；东兴源，4000，12000；万丰，4000，12000；天宝琛，2000，8000；恒义，3000，6500；永源丰，3000，6000；费余公，1000，5000。

◎杭徽公路旧影

　　1933年11月26日，由杭州直达徽州（歙县）的杭徽公路开通，全程共225公里，沿途峰回路转，公路盘绕于万山丛中。从此徽茶大多由公路运抵杭州，水程运输一落千丈。

■杭徽公路通车后，徽茶多从公路运杭，钱塘江民船运茶生意一落千丈。此为停泊在安徽歙县屯溪无货可装的民船（1934）

■昌化吴岭关，西行即安徽境（20世纪30年代）

杭州老字号系列丛书·茶业篇

■上左　杭徽公路豪华长途汽车（1934）　　■上右　长途汽车之华美座位　　■下　杭徽公路（1934）

211

■杭徽公路鸿飞汽车运输公司银制证章

■上左　杭徽公路（1934）
■上中　杭徽公路（1934）
■上右　杭徽公路（1934）
■下左　杭徽公路蜿蜒中之皖南集镇（20世纪30年代）
■下右　杭徽公路之桥梁（20世纪30年代）

213

◎留下茶市街

　　随着杭徽公路的开通，昔日靠钱江水运，诸如清道光三十年阎鹏九封引茶叶过塘行，现在纷纷改行为汽车运输，但仍以运茶为主。由于徽、赣茶从公路来杭，杭州留下茶市逐渐兴旺，形成了茶市街。下图是20世纪40年代杭徽路留下茶市街的文化遗存。

■杭州横吉祥巷10号，留下茶市街杭州德泰茶行信笺

■浙皖茶叶堆栈料理部代运茶叶清单

杭州老字号系列丛书·茶业篇

■ 留下茶市街（顾振祖摄于1940年），因杭徽公路开通而兴

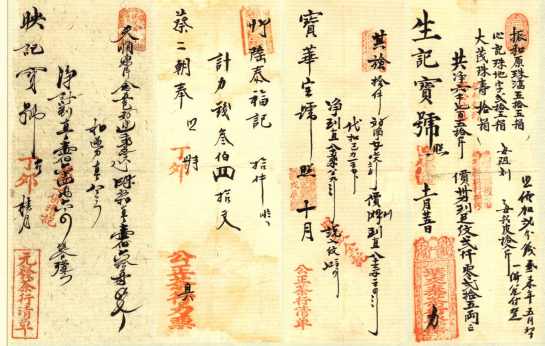

■左 同治丁卯年（1867）苏州元发茶行运茶清单　■中左 同治丁卯年（1867）苏州公正茶行付力行票
■中右 同治戊辰年（1868）苏州公正茶行运茶清单　■右 同治戊辰年（1868）苏州叶交泰茶行运茶清单

◎光绪浙省运茶护票见证百年"杭为茶都"

　　以下是一组浙江通省厘捐总局运输茶叶的护票。这一组护票共有五枚，时间从光绪二年（1876）至光绪十三年（1887）。迄今为止，全国各地尚未发现过同类型实物，是研究"杭为茶都"不可多见的实物凭证，也是研究茶叶流通史，杭州、嘉兴地方史的珍贵史料。因此，护票虽残，但它所传递的历史信息真实可信，故弥足珍贵。这五枚运茶护票表明，清末运茶厘金为每百斤征一千文。盖有"塘栖局起验讫"关防大印的护票大小为26厘米×25厘米，除了两骑缝关防大印外，可以辨认的红字有"七千九百八七"号。此外还有左上"塘栖局起验讫"和左下"塘栖"两颗红印。填写的黑色毛笔字，日期为光绪十三年（1887）二月初三，运输食茶70斤，交纳厘金七百文。

　　由"塘栖卡"签署发出的护票大小为26厘米×25厘米，编号为"七千九百八八"号，盖有大红关防及红色小印章"塘栖卡"及运食茶70斤，交纳厘金七百文。

　　嘉郡端平桥卡运输食茶护票联张大小为23厘米×16厘米（见第218页）。此件毛笔黑字填写运输食茶70斤，交纳厘金八百文。日期是二月初五日，比上两枚晚了两天。非常可贵的是此件护票右上方有红色小印章，为"嘉郡北门厘局查验"字样，表明是嘉郡北门厘局征收食茶百厘金的。嘉郡，即今嘉兴。

　　光绪十三年（1887）浙江通省厘捐总局王江泾局运输食茶70斤，纳完厘金钱七百文。护票和验卡联张的原件大小为26.5厘米×25.6厘米（见第218页），这枚编号为二百九号的护票，较珍贵的是护票正中有非常清晰的"王江泾厘局关防之印"的篆体红色关防大印，验卡左下有"王江泾局"小印，应是嘉兴运杭茶叶护票。

　　光绪十三年（1887）编号为官字八百六二号的浙江通省厘捐总局护票大小为26.6厘米×25.5厘米（见第218页），运输食茶90斤，完纳厘金钱九百文。此护票上盖有红色关防大印两颗，但都模糊不清。唯有验单左下方"嘉郡瑞平桥卡"红印非常清晰，嘉郡瑞平桥卡也是运河厘卡。

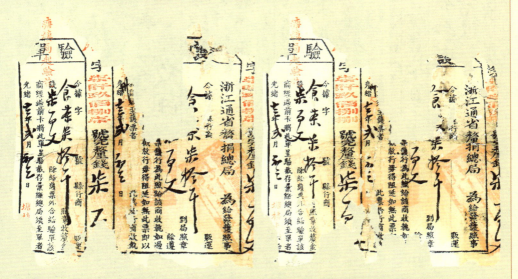

■左　光绪十三年（1887）浙江通省厘捐总局运送食茶护票。盖有"塘栖局起验讫"关防大印
■右　光绪十三年（1887）浙江通省厘捐总局运送食茶护票，由"塘栖卡"签署发出

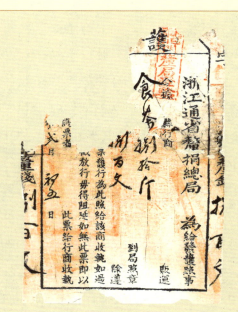

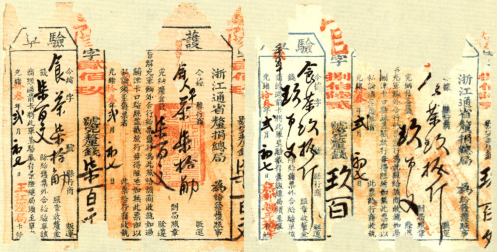

■上图 浙江通省厘捐总局运送食茶护票，盖有"嘉郡北门厘局查验"关防大印
■下左 光绪十三年（1887）王江泾局运输食茶护票联张
■下右 光绪十三年（1887）嘉郡端平桥卡运输食茶护票联张

◎清代运河铜版画

　　四幅清代运河铜版画。杭州的龙井贡茶就是沿着大运河运抵北京皇宫的，悠悠古运河也维系着江浙间的茶业交流、经济往来和文化传承。

◎清代杭州茶税凭证

笔者千方寻觅，找到了不少文献上未记载的杭州茶税实物。

光绪十三年（1887）正月二十八日杭州府城中务兼城北务批验茶引税课厅"批验卡单"大小23.5厘米×13.4厘米（见下页）城中务设在今杭城羊坝头，城北务在艮山门。这是迄今为止发现的唯一一件晚清杭州府征收茶引税的税收凭据。卡单中运茶60件，运往上洋。上洋，即今上海。是清代杭州运茶至上海的实物凭证。原件除左侧盖有杭州府税课的关防大印外，下方盖有上为梯形，下为长方形的税关大印，非常醒目。大印上方梯形有"北新关"字样，为上级税务机关，长方形右为"城中务查验讫"，左为满文画押印。此件虽上方有残，但尚属完整，弥足珍贵。

《两浙盐务志》之"杭州批验所图"，从钱江来的茶叶或杭州本山茶，外运均在杭州批验所领取卡单，交纳茶引。

光绪七年（1881）十一月初，督办浙江厘捐总局塘工捐单。原件大小25.7厘米×17厘米（见下页），这件编号为江干宙八千七百五十的塘工捐单，由江干厘捐分局签署。茶商应是钱塘江上游来的运输茶叶的商家。《杭县志稿》卷一七载，浙西塘工捐始于同治五年（1866），不计箱篓袋，每引加抽银一两。光绪元年（1875）以后，改收五钱。茶商因起过正税纷纷由杭关定税出口，遂定为百斤六角。这枚专为上江茶商设置，抽收塘工经费的税收凭证，可以解读的历史信息很多：一是说明晚清上江来的茶商、茶船很多，可以作为大宗商品税源征税，这也是"杭州茶都"的一个历史佐证；二是从茶商中收取厘捐，专门用以维修堤塘工程的"塘工捐单"，这是以茶捐维修钱塘江堤塘等水利工程的实物，此前从未发现，弥足珍贵；三是这件百年捐单，除盖了

■上 杭州运河桥
■下左 运河铜版画（晚清）
■下右 运河铜版画（晚清）

杭州老字号系列丛书·茶业篇

221

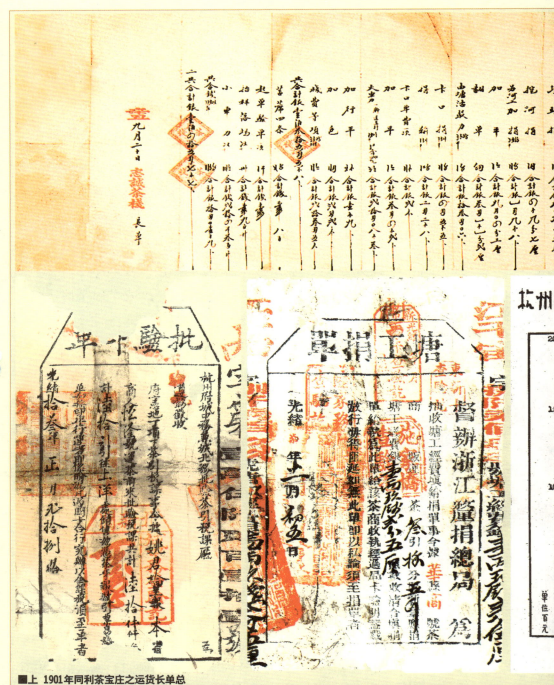

■上 1901年同利茶宝庄之运货长单总
■下左 光绪十三年（1887）杭州府城中务兼城北务批验茶引税课厅批验卡单，盖有"北新关城中务验讫"关防大印
■下中 光绪七年（1881）由江干厘捐分局盖印的督办浙江厘捐总局塘工捐单
■下右 1934年杭州市茶馆捐逐月收入状况图

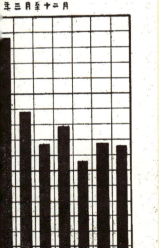

长方形大红关印外，还盖有"东新卡查验讫"、"施家桥查验讫"、"陆家务查验讫"、"新市街西卡查验讫"四颗厘卡关防大印，以此推断茶叶最终运抵德清新市，描绘了一条从上江经钱塘江、杭州运河的茶叶贸易路线。

◎清代、民国时期茶税

左上图是清辛丑年（1901）九月二十日，志诚茶栈之"同利茶宝庄运货长单总"。此单详细汇总八月二十七日，由申江仁昌行装运来绿茶一小件的所有账目。除运费外，还计有海关税、码头捐、挖河捐、零河工加捐、卡口捐、捐输等六项税捐，塘沽驳力、卡口单费、火车力费、栈费、苫席起单验单、抬秤落坞、小车力及各种加平单计13项。杭州茶叶销向世界也是关卡税收重重。

1946年的《浙江日报》9月28日第七版刊登有《浙区货税局下月起，开征七项新税》的报道。此七项新税中有茶叶，列举有红茶、绿茶、毛茶、茶末、茶梗，税率均为10%。左边为1935年《杭州市市政特刊》刊登的1934年3月至12月杭州市茶馆捐逐月收入状况图，此图说明杭州曾有过茶馆捐，市政府还颇重视。

◎走向世界的龙井茶

改革开放以来，"龙井茶"作为一种载体在国际交流中向世界展示了中华茶文化的悠久和辉煌。2003年底，中法茶文化交流活动在法国巴黎和里昂举行。龙井茶正越来越受到国际友人的钟爱。

后　记

今年适逢改革开放三十周年，三十年前，党的十一届三中全会召开，确立了我党的工作重心从搞阶级斗争到从事经济建设上来，改革开放的春风由此吹遍神州大地。就在党的十一届三中全会召开的那一年那一月，1978年10月，我有幸被杭州市种猪试验场选派参加浙江省水利厅喷灌水利师资培训班，学习现代水利喷灌技术。训练班结束，我获总分第一，被水利厅喻为"喷灌状元"。返场后，专业从事水利喷灌工程，杭州龙井茶区的灵隐、双峰、茅家埠、龙井等地茶叶喷灌工程都是我设计施工的。工程获奖，发表论文，由此破格晋升为高级工程师。1988年被任命为杭州市种猪试验场场长，1999年兼杭州茶叶试验场场长。三十多年来，对杭州茶叶更有太多的眷恋。

《茶业篇》这部小书，饱含着一个在农业基层工作43年普通科技工作者对龙井名茶的倾心奉献，倾注着一位在杭州居住近60年老市民对这座美丽城市的无尽眷恋，演绎着一个对杭州"创文化名城"，"茶为国饮、杭州茶都"研究者的身体力行。改革开放以来，茶文化的研究风起云涌，单是《茶文化大辞典》就有五六种之多，茶之至尊，龙井茗茶，更是诸多茶人关注的重点。但以古籍、古图依据，实物考证的茶史图书颇为鲜见，《杭州老字号丛书·茶业篇》正是这么一部图书。茶史考证，从大的范畴来讲，是社会科学。自然科学讲求真凭实据，以大量的数据讲话；而社会科学也讲求实物考证，以丰富的古籍典故，古图依托，实物依据，形成环环相扣的证据链，以此确立观点，凸现主题，在科学创新探索的道路上，自然科学和社会科学是相通的。笔者早年曾是知青，改革开放后，凭借发表论文，科技得奖破格为水利工程师，龙井茶区的灵隐、双峰、茅家埠、龙井、龙坞的茶叶喷灌工程都是笔者设计和施工的。也是从那时起，二十余年来，笔者热衷于对杭州茶叶历史文化内涵的挖掘，节衣缩食，搜集积攒了大量的茶文化实物遗存，涓涓细流，终成大川。退休后，在茶史考证上已出版图文并茂、中英文对照的《龙井茶图考》、《径山茶图考》、《图说晚清民国茶马古道》三部图书，并因此被浙江大学茶学系聘为兼职博士生导师。依据实物资料，进行茶史考证，我会继续研究下去，写作出版更多茶史考证图书，无愧于伟大的时代，报效哺育我成长的美丽城市。

在这部书即将付印之际，特别感谢多年来支持我勤奋写作的西子联合控股有限公司王水福董事长，感谢多年来支持我积累资料、潜心研究写作的老领导马时雍、安志云、何关新、吴德隆、高乙梁、来坚巨、褚加福、洪航勇、程春建、陈海群、胡永林诸先生，浙江图书馆朱海闽馆长、贾晓东副馆长，浙图古籍部童正伦主任、张素梅副主任，中国茶叶博物馆王建荣馆长、吴胜天先生，杭州图书馆褚树青馆长、杭图特藏部王天梅主任，余杭图书馆李新华馆长、任晴副馆长、徐松娟女士，他们敞开库藏，辛苦陪摘，为本书提供大量资料，特别致谢。老字号协会的丁惠敏、路峰、张中强、陈婉丽、徐敏、戴伟领等同志反复校勘、排版，为本书生色，责任编辑李晶小姐不厌其烦、只字推敲，确保质量，一并致谢。

赵大川

2008年1月

225

编 后 记

　　《杭州老字号系列丛书》在市政府以及社会各界人士的关心和支持下，历时两年余，终于编辑完成。

　　在这两年多时间里，《杭州老字号丛书编委会》编辑部人员也随着杭州老字号事业的振兴而共同成长，也深深地感受到了杭州老字号自强不息、奋力拼搏的激情和精神。现在的杭州老字号，它们都经历过历史岁月的洗礼，特别是在全球经济一体化的今天，杭州一些老字号取得了巨大的成功，它们雄风依旧，蜚声四海，还有很多老字号在新的经济形势下，调整整合，取得了良好的经营业绩和奋发向上的态势，我们看到了杭州老字号在改革开放中发生的历史性变化。

　　这套丛书的编辑出版，它的历史意义是在于对杭州老字号的历史脉络进行较为系统的梳理，得以对以往岁月中发生的人和事，有一个具体形象的描述；发掘鲜为人知的故事和珍贵的历史老照片，使读者有个全面的了解。它的现实意义就

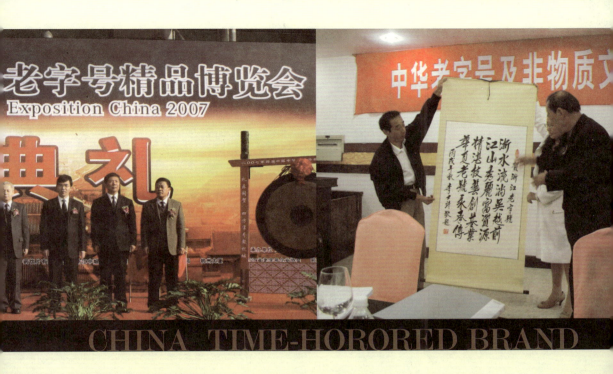

是对弘扬民族品牌，促进经济发展和保护百年金字招牌，传承和保护非物质文化遗产，等等，会起着积极的作用，并且用图文并茂的形式留住杭州老字号物质和精神的财富以及它们的非物质文化遗产。

《杭州老字号系列丛书》共分六个篇章，对杭州老字号作了详细、客观的系统介绍。

在编写这套丛书的两年多时间里，我们看到杭州市人民政府为杭州老字号的振兴和发展提供了一个很好的环境，杭州老字号也在这个环境中茁壮成长，这也是杭州市委、杭州市政府打造"历史文化名城"战略的其中之部分，杭州市政府出台了一系列振兴老字号的政策和举措，在全国率先推出《杭州市中山中路历史街区的保护规划》，为全面恢复保护杭州老字号和传统行业进行了法律形式的保护，各项振兴老字号的政策正在执行之中，并正在建立国家级的刀剪、扇业、伞业博物馆，2007年又在全国省会城市中第一个成立了"杭州市振兴老字号工作协调小组"，对杭州老字号事业的振兴和发展有了统一的认识和具体的领导，这也使杭州老字号坐上了开往春天的地铁。杭州老字号在国家商务部认定的首批"中华老字号"称号单位中的数量也是全国名列前茅。

杭州老字号企业协会为杭州市老字号的振兴和发展付出的巨大心血和努力。

杭州老字号系列丛书

杭州老字号企业协会是全国最早成立的老字号协会，协会成立以来以高度的历史使命感，不断地推动老字号事业的振兴，使杭州老字号工作走在全国的前列，被国家商务部评为全国中华老字号工作先进单位，一年一度的"中国中华老字号精品博览会"，为全国老字号搭建了展示百年风采的大舞台，年年有特色，届届有精彩，成为全国老字号的盛会。在2007年又帮助杭州中华老字号以崭新的姿态，参加日本东京"浙江省中华老字号日本展"，首开老字号走出国门之先河，面向国际展示了中国百年品牌的魅力；抢救杭州老字号的非物质文化遗产，宣传保护振兴老字号事业，为做大做强杭州老字号事业付出了艰辛的努力，也获得了卓越的成效。

改革开放30年以来，中国发生了历史性的巨变，杭州老字号的发展迎来了春天，杭州老字号也更积极地融入到了中华民族伟大复兴的滔滔洪流之中。

在本套丛书出版之际，我们衷心感谢中共浙江省委常委、中共杭州市委书记王国平同志在百忙之中为《杭州老字号系列丛书》作序，并深深地表达了他眷爱杭州、建设杭州之心；感谢世界著名历史地理学家陈桥驿教授为此书写的智慧之语，也感谢胡庆余堂、民生药业、方回春堂等中华老字号的帮助和支持；感谢为

CHINA TIME-HORORED BRAND

此套丛书提供大量宝贵的历史史料和鲜为人知的历史照片、图片的老字号单位和个人；感谢作者赵大川、仲向平和宋宪章先生为了编写此书的不辞辛苦和无私奉献；感谢各学科的专家学者对丛书出版提供的知识支持；感谢浙江大学出版社的支持。

在《杭州老字号系列丛书》的编辑过程中，也得到了像葛许国这样很多的热心朋友的关心，杭州老字号企业协会和杭州市贸易局从选题策划到编辑出版付出了巨大的心血。

杭州老字号作为杭州工商业的精华和代表，作为浙商的组成部分，作为杭州的城市名片，其悠久的历史，深厚的文化底蕴和诚信立业的经营理念，远不是这套丛书能够全面涵盖和叙述的，其中难免有不足之处，敬请读者赐教。

杭州老字号系列丛书编辑委员会

2008年3月16日

专家感言

　　在中国，一向"重农轻商"，视商为贱。改革开放以来，在市场经济中，由于道德规范的错位与失落，商业行为的混乱和欺诈，对从商经商，创新产品，开拓市场，利国利己的商海拼搏，还仍然在理念上降格、在品位上看低。为了在今天的社会转型期，尽早改变这种落后的、不合时宜的观念，浙江省老字号企业协会和杭州市老字号企业协会，在省、市经委和杭州市贸易局的领导与策划下，在会长冯根生、秘书长丁惠敏等的积极倡导与艰苦努力下，为继承与弘扬老字号企业的优良传统做了很多工作，特别在组建机构、发展事业、调研立法、举办论坛、精品展览、出版书刊和保护品牌等方面，取得重大的进展和突破。

　　以前，关于"老字号"的一些书，往往忽视和看轻人物的作用和成就，对于他们的贡献和影响，总是略而不提，或者语焉不详。由于我国的传统向来不注重事物的起源和来历，对它的创始者特别是那些名不见经传的无名氏和小人物，不是忽略不计，便是有意无意地归功于荒古不可知之人，或说"上苍的旨意"，或说"神人、仙人的赐予"，或说"某种意外的巧合或突然的灵感"，等等。许多名、优、特产品，几乎都没有真正的创始者和发明人，人们要向他们学习和效法什么，也都不十分清楚。所以许多前辈先人的宝贵经验和知识积累，便在无形中被湮没和失传了，这是十分可惜的。

　　编印这套丛书的宗旨，是要抢救这一笔巨大的物质和精神的财富和遗产，让

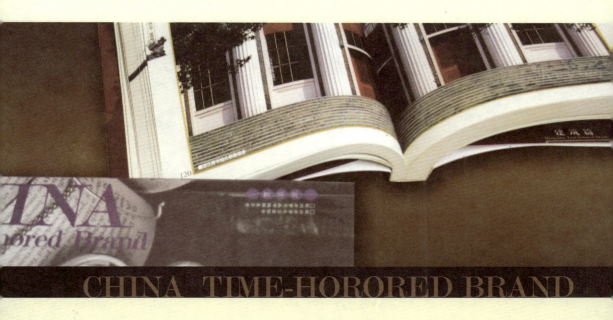

它们永远在我们这一代人手中"定格",让我们的后代子孙,一走进我们的"老字号",便能懂得我们的先辈创业的维艰,守业的不易和拓展的困难,从而学到他们的精神品德,发扬而光大之。

这套丛书的主要特点是:"树人存史保传统,自主创新谋发展"。下面几点应引起我们的高度重视:

一是发掘和彰显创业者和掌门人的"以商兴民"、"以商兴国"的理想。商战是人生的大舞台之一,它最为惊心动魄,也最是波澜壮阔。在商战中也最能表现一个商人的思想、性格、谋略和才干,所以这套老字号丛书与众不同的最突出的特点,就是要表现商人的心灵世界和道德风尚。有不少资料表明,中华老字号之所以百年兴旺,长盛不衰,就因为创始者和掌门人善于驾驭风云变幻的商海竞争。这种竞争不仅出现在商家与商家、商家与家族内部,而且还出现在商家与达官贵人、商家与朝廷官府等极不相称的势力之中,甚至要与土匪、盗贼、兵痞、强人等这些不讲商家规则的势力反复斗争,与那些胆小怕事、见利忘义的胆小股东反复周旋,此外也要与商场中那些司空见惯的恶习譬如欺诈、蒙骗、以邻为壑、互设陷阱、大鱼

吕洪年 教授

1937年2月出生,浙江省新昌县人。现为浙江大学人文学院教授、浙江大学浙江省非物质文化遗产研究基地学术委员会副主任。并应聘任《中华老字号》杂志社学术指导委员、杭州市和浙江省非物质文化遗产保护工作专家库专家。先后出版论著5种、作品集6种。代表作有《江南口碑——从民间文学到民俗文化》、《万物之灵——中国崇拜文化考源》等。有评论称:"文献、考古、口碑互参互证,把口碑引入与考古、文献并列研究的范围,迈出了一条学术新路"。

吃小鱼等等展开既聪敏机智而又有弹性的斗争。一个商人如果不抱有爱国救民的理想，决不可能九死一生地坚持到底，一转念便可放弃这种担惊受怕的日子而"解甲归田"过起"采菊东篱下，悠然见南山"的怡然自得的田园生活来。所以一般老字号的领头人物，不是奇才便是精英。他们有的既是老板，又是慈善家。我们在编纂过程中，以人为本、发掘不同个性、不同经历、不同身世、不同成就的企业家，从而组成了一个前所未有的"人物长廊"，以激励千千万万的后继者。

二是发掘与弘扬儒商的"仁义"品格和"共赢共利"的观念。中国的商人一般有点文化，不但能识字断文，有的还能赋诗作对，他们受儒家传统道德的教化和熏染，即使在激烈的商战中，也还遵循"过犹不及"和"穷寇勿追"的人生智慧、处世谋略和以"仁义"为代表的浓厚的传统道德意识。例如有的老板，在发迹之后，并不"一阔脸就变"，他们奉行"糟糠之妻不下堂"，对结发妻子的爱情始终不渝。有的老板始终充满仁爱情怀，奉行"滴水之恩涌泉相报"的信条，对自己手下的雇员和工人实行"以人为本"的管理思想；有的老板在竞争中想方设法一定要战胜对方，然后却不把对方逼上死路；有的老板奉行"不打不相识"的江湖义气，即使是自己的对手也能最终宽容大度而成为朋友和合伙人。总之，我们在发掘史料、把握人物特点时，深入他们的心灵，对他们所作所为的思想文化背景，入木三分地加以领会和把握，在文字和图片两方面相配合加以简洁而形象地表现。

三是发掘、弘扬与推广"以德经商"、"团结经商"的理念和作风。以德经商所包含的内容很丰富，但其中的核心思想仍然是中国传统的"勤劳致富，正道赚钱"。无论过去和今天，有多少人由于生活在穷乡僻壤，一时难以改变贫穷落后的面貌，便只好背井离乡，外出打工和经商，走南闯北，凭着自己的聪明才智和勤劳节俭，养家糊口，并日积月累，才慢慢地发家致富。所以过去的很多商人，并非在

CHINA TIME-HORORED BRAND

左倾时代所称一概都是"奸商"，相反，他们中不乏诚实忠厚者，受过"仁义礼智信"的熏陶而具有一定的儒者气质。以德经商，还有一项重要的内容就是团结经商，特别注重同乡、同行、同业的团结互助，而不互相倾轧，力做"霸盘"。俗云："一株独放不是春，万紫千红春满园"。个人的发展往往是与群体的发展密切相关的，中国商人注重危难时的互相扶持，更注重孤立与铲除害群之马。此外，以德经商还有一项重要内容就是"诚信经商"。过去在旧社会有句老话，就是"在家靠父母，出门靠朋友"，抱着"诚信为人，正道成事"的信念，才能在闯荡江湖时不受或少受挫折。所以成功的老板，往往都有健全的人格，不论遇到何种情况，即使身陷绝境，也都不会做出有损人格的行为。有许多资料表明，不论京商、晋商、闽商、徽商和杭帮、宁波帮，都有大仁、大义的典范人物，他们有的外形狂放而心地宽阔，而有的更重主仆之义和朋友之道，有过不少以"义"相待和以"诚"相待的动人故事。这些，都是我们这套丛书所重点展示而富有传统商业文化特色的内容。

　　我相信这套老字号系列丛书，一定会在继承与弘扬中华老字号优良传统、发展与创新新时期商业文化的过程中，起到积极的作用。

2008年1月　于浙江大学人文学院

图书在版编目（CIP）数据

杭州老字号系列丛书. 茶业篇 / 赵大川著. —杭州：浙江大学出版社，2007.7
ISBN 978-7-308-05361-7

I. 杭… II. 赵… III. ①工商企业－简介－杭州市②茶－商业史－杭州市　IV.
F279.275.51　F729

中国版本图书馆CIP数据核字（2007）第080918号

责任编辑　李　晶　钟仲南
封面设计　路　峰
美术编辑　清　风　张中强
图片编辑　张中强　戴伟领

杭州老字号系列丛书·茶业篇

赵大川　著

出版发行　浙江大学出版社
　　　　　（杭州天目山路148号　邮政编码　310028）
　　　　　（E-mail：zupress@mail.hz.zj.cn）
　　　　　（网址：http://www.zjupress.com
　　　　　　　　　http://www.press.zju.edu.cn）
印　　刷　杭州杭新印务有限公司
版　　次　2008年5月第1版
印　　次　2008年5月第1次印刷
开　　本　787mm×1092mm　1/16
印　　张　15.75
字　　数　300千
书　　号　ISBN 978-7-308-05361-7
定　　价　88.00元